# 爸媽何必太正經！

幽默溝通，讓孩子正向、積極、有力量

目錄

## 前言──身心健康才能幽默



## 家庭幽默基本守則

PART 1【互動篇】



PART 2【管教篇】

## PART 3 【相處篇】

## PART 4 【觀念篇】

前言

# 身心健康才能幽默

這是給身心健康的人看的，尤其是心理。

只有心理健康，或是期許自己以健康的態度面對家人時，這本書才會有效果。如果你只是把這本書拿回去讓家人看，期待家人會改變、自己卻不做點什麼的話，那我勸你不如去喝咖啡、聊天、滑手機，不要白費心機。

就像有些人把家人帶來門診、試著要我們認定他是「病人」、「心理有問題」自己卻什麼都不願意努力的人一樣，既不認為自己對家人造成影響（多為負面的影響），也缺乏反省能力，我也勸這樣的人別浪費自己的時間了。

心理健康的家人才會有一份健康的關係，來自於不健康家庭的人不見得心理不健康，只是必需很辛苦的排除萬難，從經驗中學習，才能找到屬於自己想要的關係。

不管是精神醫學或心理學對於健康的看法，都強調身心合一，身體與心理狀態互相影響，心理狀態會透過身體來表現，即使你不承認心生病了，但身體很誠實，不會騙你，例如它會讓你睡不著、頭痛、緊繃，胸口悶，腸胃不適。

有些人身心出現警訊，多半只關注在身體層面，於是去抽血，驗大小便、心電圖，甚至做了電腦斷層掃描，做了許多檢查卻沒發現什麼異狀，只有因老化而起的小毛病，而醫術不精、檢查不出自己有什麼毛病的醫生，卻建議自己去看精神科？實在沒其他方法可想才不甘不願來看精神科，才漸漸的察覺其實是心理、情緒早就出了問題，看了一陣子之後，居然睡不好的問題就獲得了改善。

不了解自己，更容易連帶影響到不了解家庭關係，有些人不曉得自己的家庭關係也生病了，本身的狀態已經影響了孩子、影響了另一半還渾然不覺。

自己心情好的時候就多看家人兩眼，心情不好的時候就連看都不看一眼。心生病，心中沒有愛，家人通通感受得到。

有一位很有氣質的個案告訴我，自己與母親又愛又恨的糾結關係。她的母親生長在一個富裕家庭，想培養女兒具有大家閨秀的風範，原本就教養嚴格，後來因為跟先生感情不好，眼見先生和女兒的感情愈來愈好，還開始出現喜怒無常的情況。

當這名個案有些事只對父親說卻不對母親說時，就會遭來一陣責打；

當她被母親發現和男同學有說有笑，就會被母親罵是「妓女」……。心理學上稱這樣的狀態稱為「自我防衛機制」，母親原本應該愛女兒的心，被「對先生憤怒的情緒」與「被這兩人遺棄的情緒」淹沒，必須藉由對女兒發洩憤怒來解決自己的內在衝突。

於是，那時的她打定主意不交男朋友也不想結婚，後來雖然結了婚，婚姻路上亦是跌跌撞撞。在充滿不安全感、隨時得討好母親的氣氛下長大，讓這個現在已經五十多歲的女兒憶起傷心往事，還是忍不住淚流滿面：「我母親怎會罵我是『妓女』？一個正常的媽媽怎麼可能這樣罵自己的女兒？」長大後的她花了許多時間療傷，並試著和自己的女兒更接近。

## 面對情緒，坦然接受自己不完美的樣子

認知科學家洪蘭曾提到，現代孩子缺乏細膩感情的體驗，有時候是因

為與父母缺乏說話的機會。當家人彼此連話都很少說的時候，心事當然都無法分享，變成「我本將心托明月，誰知明月照溝渠。」意思是，本來想把心事跟父母說，結果熱臉貼冷屁股，一顆脆弱的心被丟到臭水溝。父母不是沒反應就是說現在很忙，更別說他們還帶著自己待解決的心事。無怪乎現代年輕人不善於處理自己的情傷，沒有學到良性互動的榜樣，一旦另一半提出要分手，就用激烈的方式來挽回，不是你死就是我亡。

雖然如此，洪蘭也藉由泰戈爾的話來給年輕人力量：「當你在夜晚，因看不見太陽而哭泣，你的眼淚會使你看不見滿天繁星。」也許有些人的家庭經驗不怎麼樣，但總能從經驗中更清楚自己的需求，激發自己要過得更好的動力。就像前述那位女性雖然沒有機會彌補和母親的關係，日後的婚姻關係也不怎麼樣，卻跟子女非常親密、無話不談。

這也令我想起與母親的緊張關係，到了有自己的小孩時，我想成為和我母親不一樣的母親，想要一份坦誠、透明的關係，我想直接表達對小孩確切真實的愛，於是我們常親吻、擁抱，我也要小孩對阿嬤展現直接的感情，當他們小臉蛋湊上去要親吻時，母親卻把臉別開：「別親嘴，阿嬤的臉髒死了。」於是她們只能小啄一下臉頰；當我說：「阿嬤煮飯給妳們吃時記得要跟阿嬤說『謝謝』、『辛苦了』。」沒想到此舉卻讓母親對我嗤之以鼻：「啊你賣假啦！」「要謝什麼謝？」我不忍細想自己母親的心可能生病的事實，而這也是我選擇「心理師」這個助人工作的潛在理由。

我們得面對心中那頭情緒怪獸，所以心理健康指的是，接受自己不完美的樣子。同樣的，如同家人也不完美，所以為人父母不可能把自己塑造成完美的樣子，並誤以為自己十全十美，因為那是不可能的；子女也永遠無法成為父母心中完美的小孩，因為那也是不可能的。

即使看見自己不完美，也不影響愛家人的心，因為家人都跟自己一樣，有時候脆弱，有時候會失控，有時也會做錯事；接受自己也會嫉妒家人的事實，雖然接納自己與家人的不完美，但懂得隨時關照自己的情緒，提醒自己不要再傷害家人。

好了，如果到了這個狀態，你，不幽默也不行了。

你已經夠自在，夠坦誠，以致於可以更輕鬆的看待與家人的一切，也禁得起挑戰，不怕被質疑了。

## 兒女只是藉由你們而來，不是因你們而來

小孩：「我昨天做了一個夢，夢到我把你殺了耶。」

媽媽：「喔，那我後來有死掉嗎？」

當小孩出門只和她老爸 kiss-bye、忘了老媽時，我都會故意說，「哼，妳只愛把拔不愛我，我不理妳了。」小孩就會大聲抗議：「我—哪—有—。」然後飛奔過來給我雙倍的 kiss。這種幼稚的考驗遊戲我們都很

樂在其中。

當久病的母親過世時，兩個小孩隨著我忙碌的跟進跟出，擺設喪禮會場、整理鮮花與祭品塔、折元寶蓮花、聽大人討論各種繁複儀式、拿香燒紙錢……等。某天忙到一個段落，得空之後我正在喝每日慣喝的易開罐咖啡時，當時六歲的老大加寶說話了：

「媽，你很喜歡喝咖啡嗎？」

「是啊。」

「那我以後就用咖啡拜你喔。」

嗯……所以以後我的會場會有個「咖啡塔」？我想像了一下那些鐵罐疊起來很壯觀的樣子，真是謝謝孩子的孝心。二歲多的姪女也是個古靈精怪，某日她老媽正在折元寶時、她正在一旁玩她的廚房扮家家酒玩具，她把「爐火」打開，一閃一閃冒著紅燈，然後把一朵紙蓮花放上去說：「燒給媽媽，燒給媽媽。」又是一個有孝心的孩子啊。

我試著讓自己用幽默的眼光看待孩子的天真，全盤接受孩子對自己的愛，而自己對孩子的愛也毫無保留，沒有什麼交換條件。

我很佩服一個媽媽友人，她特別的地方在於是個「會道歉的媽媽。」有一次她很慌張的跟我說，女兒本來要陪自己去資訊展買電腦，但女兒打來時她睡過頭了，還因起床氣念了女兒一頓：「很煩耶，我還要睡，下午再去啦！」結果呢，「我女兒現在生氣了怎麼辦？」我還來不及給意見時她馬上就撥電話給女兒：「對不起啦，我錯了，那你還能不能陪我買電腦？」

我們會對朋友道歉，卻很難對家人道歉。明明是自己無法準時赴約，面對朋友一定是非道歉不可，否則壞了自己的信用，但對家人卻不自覺意氣用事起來，不僅不道歉還可能惱羞成怒的說，「你難道不會體諒我很辛苦很累嗎？你明明可以等我的啊！」誤以為家人就得有無上限的包容與耐心。

對於孩子，我們該提醒自己看見：

你們的孩子並不是你們的孩子。他們是「生命對自身渴求」的兒女。他們藉由你們而來，卻不是因你們而來。儘管他們在你們身邊，卻不屬於你們。你們可以把你們的愛給予他們，卻不能給予思想，因為他們有自己的思想。

——摘自於紀伯倫的《孩子》

對於父母，我們該提醒自己看見父母的苦心，父母是用屬於他們的方式來愛我們：

他囑我路上小心，夜裡要警醒些，不要受涼。又囑託茶房好好照應我。我心裡暗笑他的迂；他們只認得錢，托他們直是白托！而且我這樣大年紀的人，難道還不能料理自己麼？唉，我現在想想，那時真是太聰明了。

——摘自於朱自清〈背影〉

我期待透過這本書，讓身為家人的我們，都能以健康的心情迎接這份關係。

# 家庭幽默基本守則

一個妙齡美女陪著一個歐吉桑去逛街，這歐吉桑看上一件衣服，就要專櫃小姐拿給他，並跟旁邊的美女說：「妳來試試看，好看的話給我老婆買一件。」小姐露出奇特的眼神打量著美女。

這妙齡美女很不悅的低聲說：「老爸你又來了，又害我被當成小三，買衣服就買衣服，你就不能說『給你媽買一件』嗎？」

幽默感深受西方社會的重視，西方人尤其相信幽默感在關係中產生的影響力。它是一個多層次的概念，在外顯行為上就是「笑」，這跟我們東方傳統社會強調穩重態度與喜怒不形於色的習慣很不同。

我記得小時候長輩很不喜小孩失控、大笑，只要笑得開懷、笑得花枝亂顫就會遭來責罵：「女孩子家怎麼那麼不淑女？」「沒氣質！」但少笑一點並沒有讓家人彼此更接近，無法盡興表露反而產生更多隔閡。加上現代社會生活節奏緊湊，家人之間連說話時間都不夠了，怎有可能去培養

「無法言喻的默契」？我們不了解父母批評式的關心，加上不夠清楚、迂迴再迂迴的表達，把彼此推得更遠了。

一個帥氣的女孩子告訴我，她們家對於她的同性戀傾向採不聞不問的態度，表面上看起來相安無事，但相處氣氛總像一座巨大城牆，無法突破也無法靠近，那座城牆就是她最在意，最想和父母分享卻無法碰觸的話題。

有一天她實在受不了，於是在某次簡短閒聊中故意帶入「我女朋友說……」，讓她的老爸差點被早餐嗆到，而她老媽則瞪大眼睛、一副不可置信的樣子，話既說破，少不得吵吵鬧鬧了幾天，但從此以後，她就更堂而皇之的說「我女朋友說……」，她的家人就算再不情願，也試著接受她與她的另一半，至少沒有再裝作視而不見。她很調皮的告訴我：「嘻嘻，我是故意的，我想看看他們的反應，至少可以知道他們的態度。」

我家老大從小就是個容易開心的孩子，笑點很低，笑聲又走誇張派，一被觸動起來就「哈～哈～哈」的驚天動地。當她開始這樣笑時，我就想起自己「女生笑的時候該淑女」的家訓，然後得按捺住想阻止她的衝動讓她笑個開懷，當我的老爸、她的阿公在旁邊忍不住皺眉時，我又得跳出來阻止他們斥責她，因為我希望看得到她的喜怒哀樂，而不是悶在心裡我什麼都猜不到。

許多心理學研究都發現，幽默感是一種良好的心理特質，甚至可以視為一種生活態度。幽默的外顯是笑，但絕非只有「笑的表情」那麼簡單，許多笑容背後反應的是對痛苦的釋放、對不合理的嘲弄，是處理內在衝突感受的方式：「既然我不能改變整個世界，那麼笑一下總可以吧？」尤其在家庭關係中、這樣緊密的互動下，小孩不能挑選父母，父母也不能掌控小孩，稍有不慎就要擦槍走火、煙硝瀰漫，那麼，利用幽默感來改變自己看待事情的態度，放下對家人的執著，製造輕鬆的氣氛，這總行了吧？

# 是室友，還是家人？打破「習以為常」的僵局

四歲的小胖想跟爸爸玩，於是爸爸提議，「那我們來玩角色交換的遊戲，你當爸爸，我當小孩。」

小胖很開心的說好，等到爸爸宣佈遊戲開始時，小胖忽然板起臉來對爸爸說：「你，去罰站！」

習慣是個可怕的東西，家庭裡的許多習慣都是「不好的習慣」：習慣把關心放在心裡變成擔心；習慣回家後連招呼都不打直接進房間、一整天沒跟家人說上一句話；習慣讓另一半接送小孩，連小孩幾年幾班都不知道。

你同住的家人其實沒你想的熟悉，只是自以為熟悉，所以連好奇的興趣都沒有，直到有一天才發現，原來小孩長這麼高了，母親怎會有那麼多白髮？什麼時候老公迷上抽雪茄？太太根本不吃辣！

當生活陷入固定模式，要改變是很困難的。太多父母在診間抱怨，小孩回家之後連招呼都不打就直接進房間，打開電腦，直到被叫出房門吃飯為止；殊不知自己也常滑手機，連出去聚餐也不例外，又如何期待子女要理你？當你認為「小孩不該玩3C」時，該拿什麼立場說這句話？有些子女也以為父母喜歡吃雞胸、啃魚頭，因為這已經是習慣了，每次上菜他們總是搶著先把這些部份吃了，沒多想是父母把最好吃的留給自己，等若干年後自己也成為父母，才有機會醒悟到父母的苦心，卻也不一定有機會回報了。

不想用心經營、甚至改變與家人的關係，到頭來，擺爛也不會讓家人關係自動變好。

常聽到不快樂的個案跟我述說家庭氣氛：「平常啊，大家都各過各的啊，回來都很晚了，有時後吃飽才回來。一起吃晚飯喔，很少。假日做什麼？還是一樣各做各的啊，他們就看電視，我就玩我的手機，偶而就一起去大賣場『走走』，其實就是買平常的東西也不算出去玩，所以如果沒幹嘛我就跟朋友約，反正我也不想在家。」搞得家人只是「住在一起的房客」而已。

更有無奈的青少年跟我說：「我爸不准我看卡通視，說看卡通會變笨，也不准我玩電腦，說會交到壞朋友，那我晚上什麼都不能做，只能發呆，作白日夢，自己說話給自己聽，他又說我腦筋有問題，叫我看精神科。」那老爸並非不關心孩子，但只用自己的角度思考，看不到孩子的需要。

國內關於幽默的學術研究中（國立臺灣師範大學教育心理與輔導學系陳學志教授的研究便提到），歸納出幽默對我們的重要性：幽默感具有正向機制，個案在面臨壓力時會避免將注意力放在負向想法上，覺知到較少的壓力，進而降低壓力帶來的不利影響。如果上述的年輕人願意幽默面對「老爸看我不正常」這件事，甚至覺得老爸比自己更需要看醫生，並尋求其他支持自己的力量，那麼他不快樂的可能性就會降低；或者這個老爸願意將「兒子經常在神遊」這件事輕鬆的解讀為「具有成為思想家的潛力」，也不致於會壓著兒子來看精神科，造成父子關係緊張了。

這讓我們意識到家人之間更需要幽默，幽默可以看見自己的問題，包括自己的固執與自以為是。我們會誤以為幽默是「搞笑」，對本來就拙於表達的家人是有困難的，若這樣想就太低估幽默的魔力，也太低估自己的潛力，沒有把真正輕鬆的態度帶進日常生活中。你以為幽默要像演戲，像小丑，要刻意的博君一笑？其實，幽默真的很簡單。

好吃懶做的兒子一直宅在家打電動，好不容易今天要去面試。媽媽下班後見兒子仍坐在電腦前打遊戲，急著問：「面試過了嗎？」兒子指指旁邊的泡麵碗：「試過了，不錯吃。」

原來他聽成「麵，試過了嗎？」

*

媽媽檢查女兒的記帳本，第一筆寫著「看眼睛，一百五十元」，第二筆寫「看眼睛，一千五百元」大感納悶，於是便問女兒怎麼回事。女兒不慌不忙的說：「第一筆，是因為沙子吹進了眼睛所以去看了眼科，第二筆是有件衣服吹進了我的眼睛……」

當然，尺度的拿捏絕對是學問，這也是你動手翻這本書的理由，調味太淡，對方感受不到你的幽默，調味太濃，對方會惱羞成怒。

有個朋友告訴我一個自身的故事：她來自於一個管教嚴格的家庭，嚴父連小孩穿什麼衣服都要管的，若穿外套的話，拉鍊一定要拉起來，不管裡面有幾件衣服。但這實在管過頭，外套拉鍊不拉、不扣鈕扣，也沒什麼大不了的啊，但這個爸爸就會譏諷：「你拉鍊不拉，要等著餵奶啊？」不知這位爸爸是否有意要幽默，但這樣的幽默有點毒舌，小孩可能很受傷。

不懂得知足的小孩會跟父母抱怨：幹嘛把我生得那麼醜，鼻子那麼塌，身材那麼胖，害我都不能 balabala……。身為父母當然得趁機反擊，用幽默來機會教育一下，讓他學會為自己負責：「我生下你的時候只有三公斤，而且大家都說你好可愛，接下來關我什麼事？」

幽默的背後需帶著對家人的關心，而非自以為是的偏見。另一個家長無法說服頑強的老菸槍兒子去做健康檢查，於是告訴他：「麻煩你多買一點保險，或者趕快加保幾個單位，然後保險受益人寫我的名字，因為我很有可能活得比你久。」這是有點無奈的幽默，也聽得出父母背後的意思。

既然家人之間要幽默需要心態技巧，幹嘛要那麼費事看什麼書、學什麼幽默？或者認為「那多尷尬」、「反正都是家人」，就像家人之間要說「我愛你」一樣，超不習慣的。

很多人容易忽略家人間輕鬆的氣氛，被生活常規的「習慣」所主導，在外生龍活虎談笑風生，回家就徹底的腦死放空，覺得「應該要放鬆」、「不必刻意討好家人，太辛苦了」，以致於家庭氣氛愈來愈糟。

其實，我們的血液裡流著幽默的血，自己與家人有哪些小小缺點？其實心裡都很清楚，只是看久了，習慣了，也麻痺了，但幽默的靈魂沒有消失，如果不適時發揮一下，如何能夠面對生活中的種種挫折：看著自己日益變腫的身軀，若不安慰自己「我又不走演藝圈」、「老公比我還胖」的話，早就摔爛所有的鏡子；看著小孩很不優的成績單，若不虧小孩一下：「你的成績單顏色好漂亮，別人只有藍色，你卻紅紅藍藍的」，早就吐血而亡了。

幽默離我們並不遠，先從發現周遭的幽默做起，觀察周遭的人如何用幽默之眼看日常事務，甚至原本應該是枯燥、生氣、挫折的事，開了這扇窗之後，漸漸開竅掌握到某些眉角，便可以開始練習屬於自己的幽默。

# 打破慣例：從「我愛你」獲得靈感

如果你原來生活在沉悶的家庭氛圍中，那麼你得要開始換個腦袋了。幽默跟表達關心一樣，都非常需要練習。在開口之前會需要儲備許多能量，或者多點心理準備，一旦打破原本的習慣，你會發現，建立新的習慣其實也沒那麼難。

這兩年非常火紅的「我愛你」運動，就是要挑戰傳統家庭難以啟齒的內在關心。這原來是出於電信公司的廣告點子，希望大家多使用電話，多說「我愛你」，多賺點通訊費，但竟能引起後續強大的「全民運動」，這表示大家對於「對家人表達愛意」這件難以啟齒的事多麼的心有戚戚焉。

母親節快到了，許多學校都安排了「打電話給媽媽說愛」的活動，原本期待這是個溫馨的場面，的確也有許多孩子電話一接通就開始哽咽，那種打給單親媽媽或是由阿嬤帶大的孩子，這畫面不用說，更是充滿了洋蔥。不過，也有例外。有個高中男學生在課堂上按照老師的指示打給了自己的媽媽（同時老師亦架著攝影機拍下整個畫面），電話響了一陣子才被接起來，電話那一頭的媽媽應該在忙，從距離不近的地方趕來接，有些喘氣的聲音充滿了不耐煩：「喂——？」（很大聲）

「喂，媽，是我啦。」

「袂衝啥？」

「那個……，那個我要說，我—愛—你啦。」

「我咧『按陰陽臭＊八』！」（不雅發音已經過馬賽克處理），同時整間教室已經笑倒一片。

「唉呦，老師在拍，老師有在拍ㄋㄟ，是老師要我們說的啦。」

媽媽這時才會意過來，後悔也來不及，只得訕訕的說「好啦、好啦，我也愛你」便匆匆掛上電話，這段被拍下的影片遂成為當月 Youtube 瀏覽次數最高的影片之一。

好了，有了上述的教訓之後，「全民說愛」活動不容被演繹成搞笑片，於是老師要小朋友做這件事之前先給父母預告：「馬麻，老師說這禮拜要我們打電話給你，那你要接喔。」我的小孩故作神秘狀。

「好，我會注意接電話。」做媽媽的還要十分配合的不知情。等到母親節前的週五接到女兒的來電，還要假裝有被感動到：「我也好愛你！」

後來我笑著和小孩說，這樣太明顯了，平常在學校都沒打電話，突然要打給媽媽肯定是為了交作業什麼的，這就是沒有養成習慣的結果。

說到養成習慣，暑假作業中常有一項「親子記錄」，要小孩子記下每天做了哪些家事，每天有沒有和家人說「我愛你。」這對不習慣說愛的家庭而言好彆扭，對我家大寶、二寶來說則不是問題，她們該記錄的是每天說了幾遍！

# 讓寬鬆的心，擁抱慣例之外的驚喜

研究幽默的學者都同意，幽默之所以產生，是基於認知與情緒的層面，在認知上有了「出其不意」的衝突感，答案是意料之外的結果，若非是重大的利害關係或挫折的話就會產生好笑的感受。

所以固著於太多「應該」的人是感受不到幽默的，事情非得要按照預期的、自己的意思走，若不在掌控之中就感到很焦慮的人，不會是個幽默的人。如果你有「原來事情會變成這樣啊！」「事情的發生不是原來想的那樣啊！」那你會有很多生活中的意外驚喜。

有個老太太因身體狀況住進安養中心，子女們都交代看護人員要悉心照顧。第一天，看護人員立刻幫老太太洗澡並準備美味晚餐，飯後老太太很滿足的在椅子上打瞌睡。

過了一會兒，看護發現老太太身體往右傾，立刻幫老太太扶正，喬好位置，沒多久，老太太的身體又向左傾，看護又急忙將老太太扶好端坐。第二天，只要老太太歪坐在輪椅上、工作人員都很細心的馬上扶正，沒讓她歪著。

到了第三天，子女們來探望老太太，並問老太太過得好不好？老太太回答：「好是好，只是，她們都不讓我放屁……」

若是固著不願變通的人，對於「標準化的ＳＯＰ照顧守則」不會有任何質疑，說不定會不解，甚至對老太太的反應感到生氣：「想放屁就跟工作人員說一聲啊，自己歪來歪去的誰知道？」或者「幹嘛去跟家人告狀！」對生活有好奇心的人，願意接納許多可能的答案，就會在最後一句話出現之後露出會心的微笑。

幽默也是處理困境的方式，為一成不變的生活解套。事情不會完全照我們的意思進行，地球也不會照我們的意思運轉，當遇到不如意、不順心時該怎麼辦？不能控制事情的結果，但總能調適自己的想法與心情吧。

小毛的媽媽問：「這次你到底考幾分？」

「唉呀，就是比阿寶多一點啦！」

比阿寶多一點？媽媽好高興，隔壁的阿寶成績一向名列前茅，讓她在張太太面前好沒面子，於是她把考卷拿過來一看——天啊，九・五分，果真比阿寶的九十五分「多一點」！

顯然小毛的心情調適做得遠比媽媽好。不過這讓媽媽認清，考滿分不是理所當然，智商一八〇的不會出現在我家，十二歲就念大學的人只能在新聞中看到。

若循著慣例思考，當結果與預期不合的時候當然只有失望，沒有「非這樣不可」的執著才有辦法迎接生活中突如其來的「驚喜。」

常考不好的小毛有一天居然考了個九十分，得到媽媽的獎勵大雞腿正吃的不亦樂乎，而隔壁也考九十分的阿寶正因為「少一分打一下」才被打得唏哩嘩啦，看到小毛手上的大雞腿，訝異到簡直說不出話。你說，到底是小毛的媽媽比較快樂，還是阿寶的媽媽？

後面我會再花些篇幅說明，輕鬆的生活態度，適時發揮幽默，在與家人相處中扮演多麼重要的角色。

# 放輕鬆！親子關係不是什麼殺人放火的國際大事

孩子都會記得幫媽媽過母親節，卻沒想到幫爸爸過父親節，爸爸心情有點失落。

在父親節這天，全家正在一起用早餐時，兒子打開冰箱後，突然若有所思的問：「爸爸，你知道今天是幾月幾號嗎？」

爸爸心想兒子終於記得今天是什麼日子了，可能要給他一個驚喜，於是愉悅的說：「八月八號！」

「啊，牛奶過期了。」

爸爸：「……」

有輕鬆的態度才有辦法欣賞幽默，進而製造幽默。親子間的互動是生活，不是什麼殺人放火的國際大事，沒必要到你死我活的地步，偏偏許多父母以為帶小孩是帶兵，看不見小孩的需求與個性，那種「如果沒有做到××就別喊我媽！」「你不乖就叫警察抓你」「我還不是為你好？」這種口語威脅、甚至情感勒索的話倒是常常出現在我們四周，實在很令人擔心。

有個媽媽發現兒子開始跟女同學玩在一起，甚至跟著女生玩起洋娃娃，因此感到很不安，他的爸爸更是生氣的指責他「娘娘腔」、個性軟弱，擔心他的性別傾向，於是把他帶到精神科看診。我想，才九歲就懷疑是否為同性戀也太誇張，顯示出父母價值觀的保守僵化，這「案情」可能不單純。

當我與小男生單獨說話時，先和他聊在學校的情況，喜不喜歡上學？喜不喜歡老師、同學？他開始告訴我，班上有個小霸王幾乎每天欺負他，用水潑他，用拳頭打他，而他同班的雙胞胎哥哥也會和幾個同學一起捉弄他，自從他來就醫之後又取笑他心理有問題。此時正值暑假，他好害怕開學，更害怕老師，因為老師只會跟他說「不要理他們就好了啊。」

了解了事情的始末後，接著我與媽媽單獨談。媽媽說，「我知道啊，他有告訴我同學霸凌他，可是他哥哥也在同一班，同學應該不會這樣，而且他的個性也很退縮膽小……」

我聽了心裡開始升起一把無名火：這又是許多父母會犯的錯，忽略小孩外在的危險與威脅，過份指責小孩性格上的缺點。於是我說，「大人被欺負尚且會留下陰影，我們怎能要求小孩要堅強？如果霸凌很少見，學校又怎麼會一直宣導反霸凌？你只是不相信這真的發生在自己小孩身上，對不對？現在你應該知道為什麼他要跟女生一起玩了吧。」

這個媽媽聽了之後含著眼淚、輕輕的點頭說：「我知道了，因為女生不會欺負他。」只要有同學能接納他，不會欺負他，就算玩洋娃娃也願意。聽起來令人心酸，我卻對後續抱著樂觀態度，因為那個小男生私下很害羞的跟我說「很愛媽媽」，而媽媽也能及時對問題有反應，體會了小孩的感受。

我們常只見到結果就解釋，沒想去了解行為背後的原因，這種便宜行事思考法常見於媒體，看到人妻劈腿就說是太太的錯，「恐怖」份子殺人就說回教徒該死……膚淺到不行。這樣不周延想法加諸於家人，無疑是對家人更大的傷害。

那麼，幽默的身教又如何？現代父母要開始學習以幽默的方式帶領小孩，傳統嘮叨的方式小孩可不買帳，要讓小孩在日常作息中學會為自己負責。有一次我在一間豆漿店買晚餐兼宵夜，老闆娘正忙到不可開交，一個國小男生從店內出來正打算走到門口時被老闆娘叫住：「吳─小─明─，你要去哪裡？」

吳小明很機靈，馬上回說：「我有倒垃圾喔！」先為自己的開溜找個好理由。

沒想到老闆娘手邊做事的速度並沒有減緩，一邊幫客人打包找錢一邊罵道：「吳—小—明—！我叫你洗澡、寫功課、倒垃圾，這三件事你給我只做一件，我看你等等要倒大楣了！」小男生吐了吐舌頭，又從門口躡手躡腳的退回後面的房間去了。

我看了這幕不禁大笑，只是買個豆漿卻心情大好，這麼爽利的娘真令人讚賞。的確，指令清楚、賞罰分明、就事論事，不牽拖到「這樣愛不愛你」的層次，才不會讓小孩缺乏安全感、無所適從。我想起家中大寶念小二時就會回敬我「媽媽你好囉嗦！」我開始檢討，到底我是原來就那麼囉嗦，還是當了媽媽後才這樣的。

後來我想到一個反制小孩嫌我「囉嗦」的方法，只要我開始叫小孩做事就開始數：「加寶，該去洗澡了，我說第一遍了喔。」如果她坐著滑手機沒反應，過了幾分鐘我的聲音就開始調高：「加寶，洗澡，第二遍。」這時她就開始警覺，如果再拖下去就要打雷，就會乖乖起身，做該做的事。

我常提醒她，「老媽如果會變得那麼囉嗦都是你害的，因為你耳朵不好要講三次！」從此她再也不敢說我囉嗦。

搭火車時遇過一個爸爸，因為差點趕不上火車而不斷責罵家人，怪小孩託拖拉拉不準時起床，怪太太沒有催促他們，並牽扯到不會管教小孩等等，到座位上坐好之後仍舊絮絮叨叨個沒完，連坐在後幾排的我們聽了都煩，不禁想到接下來他們是否玩興大減，想輕鬆都輕鬆不起來。

我想起自己幾年前的一次家族旅遊，浩浩蕩蕩八、九個人，吵吵鬧鬧嘰嘰喳喳的。上了年紀的導遊看我們每上一道菜就拿手機相機拍個不停，覺得興味十足，他並沒有像個頑固老頭般的碎念：「吃飯就吃飯，滑什麼手機、拍什麼照！」之類的批評，反而在出菜之前先來個預告：「來，等等要上的是鍋物，下一道是炸物，請大家把手機準備好，妹妹你先不要偷吃。」我們也覺莞爾。

過程中他有感而發的跟我們聊，曾經遇到一個帶家人去日本迪士尼玩的爸爸，一路上不斷的計算開支，等到進了一個漢堡就要價台幣兩、三百元、夭壽貴的迪士尼園區裡，小孩子難免一時興奮會吵著要這要那，這個爸爸終於大爆炸，數落家人：「這次出去花了多少錢你們知道嗎？花了老子我二十幾萬了你們還要怎樣？」

「看到小孩像做錯事一樣的神情，覺得這個爸爸真的是不該。既然決定出來玩就要開開心心的，就是已經花了二十幾萬才不該再計較那一、兩千塊，花了錢又不開心是最不值得的，這個家庭的氣氛都被他搞砸了。」

該輕鬆的時候就輕鬆，沒有期待就沒有落空，停電叫作羅曼蒂克，淋雨當成玩水，博物館維修真沒緣份，吃壞肚子當作減肥，如此心態就不會有不愉快的旅行。

親子相處不也該這樣？抱持著太多的「應該」：小孩成績該如何，另一半應該要如何體貼，夫妻相處應該要……，活該就要期待落空。

有個不快樂的太太來門診晤談，因為她的醫生希望她能做心理諮商，所以她就來了。她在我的對面優雅的端坐著，客氣有禮，但無法坦露自己的感受，問什麼都虛以委蛇：「沒有啊，還好啊，還可以……」回答簡短、不願意再說更多。

我問：「你生活上有感到壓力的事情或關係嗎？比如說和家人相處之類的。」

她很快的回我：「我都覺得還好啊，沒什麼特別的。家人相處當然都會吵架，難道你跟家人都不會吵架嗎？（語氣有些挑釁）大家不都『應該』是這樣嗎？」她的防衛與抵擋正顯出自己的問題所在。

什麼叫「應該」？和家人吵架是「應該」的嗎，我也見過許多家庭很和睦的例子啊，如果不是家庭關係有問題又何必急急打發我，又何必坐在晤談室裡做無意義的爭辯？但我沒說出口，只在心裡搖頭，她還沒準備好面對自己的問題。

如果有那麼多的「應該」，應該也會覺得小孩應該要聽大人的話（不管大人說的是不是對的），大的應該要讓小的（不管弟妹是否無理取鬧），小孩應該要好好念書（大人自己卻念得不怎麼樣）。

# 家庭關係不分好壞，感覺對了萬事OK

兒子問：「爸爸，為什麼你頭上有那麼多白頭髮？」
爸爸：「因為你不乖啊，所以我就長出白頭髮了。」
兒子：「那為什麼爺爺頭上全都是白頭髮？」

西方有句俗話：「我曾因為沒有錢買鞋而哭泣，直到我遇見一個沒有腳的人。」

家裡瑣事煩事何其多，要抱怨有誰不會？抱怨很容易，卻不會讓我們快樂，我們最常做的就是放大自己或家人的不足、缺點，無法從另一個角度來看看家人，看看自己。

老爸：「莫扎特像你這麼大的時候都會作曲彈琴了。」

小孩：「拿破崙在你這個年紀的時候都已經當將軍了。」

家庭關係實在很難理性分析其好與壞，每個人都帶著自己的「情感」，甚至「情緒」看待其他家人；只要感受不對，即使對方做了許多看似「對」的事情，自己仍然接收不到。最常見的情況便是，父母看不到子女的努力，子女則看不見父母關心的方式。

藝人成龍曾在採訪時提到，對兒子的嚴格管教是擔心他在演藝圈學壞，更說出「死後要把骨灰放床底下『盯著』他」這樣的話。但問題並非出在管教風格是民主或嚴格，而是管教者是否具有與管教態度對等的關心，如果父母的體罰是帶著持續的陪伴與心痛的眼淚，我想這樣體罰是有效的，可惜他的兒子房祖名並未感受到父親的陪伴與關愛。他曾在公開場合表示，「從小的記憶裡沒有父親的身影，連背影都沒有。」經常不在家的父親偶一為之、興之所至的管教，對子女來說只有徒增距離感罷了。

當然也有願意理解父母親關愛方式的小孩。一個朋友告訴我，小時候家裡很苦，父母必須去外地打工才養得起三個小孩，有時幾個月才見上一次面，小時候猶有阿嬤帶，到了國中時一切生活都得自己來。他還記得，「國中的我，早上就得負責叫醒妹妹們，然後弄早餐，晚餐也是要自己弄。」「有一陣子很不開心，想辦休學，媽媽知道後二話不說就從台北回鄉下來陪我，整整兩個禮拜，就只是陪我，燒飯給我吃。」「因為常不在孩子的身邊她覺得很愧疚，可是我知道她很關心我，因為她整整兩個禮拜沒有去工作。」他願意理解母親不常在家是因為需要賺錢養家，雖然距離很遠，但心還在，而且會在最需要的時候出現。

有個單親媽媽在晤談室告訴我，她不惜做十幾年的夜班、很辛苦的帶大三個兒子，但長期無法陪伴孩子的結果，就是孩子不理解她的辛苦，而她為了彌補不在家的遺憾，也盡量在物質上給予滿足，於是孩子只要想買機車就會有機車，想要有電腦就會有電腦，不必去思考那是怎麼來的。有一天，她十七歲的小兒子吵著要台機車，她不肯，於是兒子不爽：「為什麼哥哥要就會有，我要就沒有！」還嗆「不給買就跟朋友借錢！」氣得她跟我抱怨兒子的不懂事，跟自己不親近，老想著和朋友廝混。

兒子當然不會體會媽媽不給買是因為他還沒滿十八歲、連駕照都沒有，他要的是媽媽立刻滿足他的需要。兒子不是我的個案，所以我管不著兒子怎麼想，但我可以改變這個媽媽的想法，讓媽媽換個角度思考與小孩的關係。

「妳那麼辛苦，妳有讓小孩知道妳有多辛苦嗎？他們知道妳生什麼病，吃什麼藥嗎？」

「沒有，我不想跟小孩說這些讓他們擔心，他們有的忙工作，有的忙功課，負擔很大了。」

「妳怕他們擔心，可是他們看起來根本就沒有『心』，哪來的『擔心』？這些年來妳讓他們覺得，媽媽什麼都搞得定，不需要替媽媽擔心，想要什麼東西才會找媽媽，結果呢，換來他們跟妳的不親近不感恩，難道這是妳想要的？妳大兒子也二十幾歲，是個大人了，難道不需要知道『媽媽也會老』這個事實？」

有時候我們自己挖坑給自己跳，明知道某些想法是一廂情願，還是很悲情的希望，「有一天對方會懂自己的心」，如果真的得到悲情的結果，也只能算自己活該了。轉念沒有那麼難，「朝好的方向思考」是人求生的本能，後來這位媽媽跟我說，「我兒子說沒有機車就要搬出去，我說，我沒錢買，你要搬就搬，於是他就真的搬出去，跟朋友借錢買了車，又在朋友的機車行打工抵債，才過一個月就說要搬回來，我也沒多問，想也知道住外面哪有在家舒服，這次搬回來就變乖，沒有再吵東吵西的了。」

是了，換個方式就會看到其他的可能，也許眼前就豁然開朗，看到另一個世界。

蟑螂姐弟第一次出去見世面，沒多久蟑螂姐姐回來跟爸爸哭訴：「爸爸，為什麼大家都說我是『害蟲』？嗚嗚嗚……」

而蟑螂弟弟很晚才回到家，他很高興的說：「爸，大家都對我很熱情呢！」爸爸很納悶，此話怎講？蟑螂弟弟說：「大家看到我都說，『嗨，蟲』呢！」

# 練習開始

親子教養的書百百款，有些給我們知識性的收穫，例如現代父母的教養方式要如何隨著時代做調整，目前的兒童與青少年文化是什麼？……等等。有些書說的雖是大多讀者知道的內容、老生常談的大道理，卻進一步點出父母無法執行的可能困難，盲點在哪裡，算是心態上的提醒。

我認為自己較偏後者，除了專業臨床上的知識與心得外、也身為兩隻小鬼家長的我，可以站在各種角色上了解不同家人的需要，並用合適的語言跟不同的家人說話，見人說人話、見鬼說鬼話，讓「家」有了互相理解的機會，成為更有意義的名詞。

理解並學習「幽默」在關係中的重要，我想從幾個面向來練習起：

一、互動篇：了解不同世代家人的思考模式，並接納家人不同的生活習慣。

二、管教篇：教養上該抱持的態度與行為，如何用幽默的態度拿捏尺度。

三、相處篇：家庭的其他成員，兄弟姊妹或祖父母、外祖父母扮演的角色及重要性。及如何與這些成員相處？

四、觀念篇：了解不同世代的價值觀，從中找出可溝通對話的機會。

家人經過理解才能互相對話：身為家長，不能不了解現代年輕人的心

思，也不能不知道現在年輕人風靡的偶像團體、偶像劇、動漫、流行時尚（在心理治療門診業務中我發現，如果我也帶著牙套，與年輕病人的距離會拉近不少；如果我表示也看過某齣偶像劇，會讓對方認為我很上道。）身為兒女，當然也不能不試著理解屬於父母黑白電視、錄音卡帶、菠蘿麵包一個兩塊的世界，了解愈多，與家人距離愈短。

我曾經在臉書開玩笑的說，「天啊！我有從八歲到七十八歲的臉友，都不知道要怎樣發文了！」說是這樣說，但每天從臉書塗鴉牆上得到許多樂趣：十六歲美少女述說著「怎樣的男生不值得愛」時，下一篇則是六十歲歐吉桑po修習佛法的要訣；當有政府官員失職新聞時有的臉友說會說「怎不趕快下台以謝百姓」時，也會有另一派「××X我挺你」的聲音，很是熱鬧。我也慶幸自己可以安全的旁觀這一切，還沒有被任何一派的臉友封鎖。

當北捷事件發生時、許多人都指責鄭捷父母時，我更想知道此時其父母的感受，以及當我們有這樣失控的孩子時該怎麼辦，該怎麼做才能避免傷害？

透過包容、理解不同族群，找出共通共榮的方法，是我與所有個案家人工作的心得，也希望你能帶著不同的好奇心與幽默，進入其他家人的內心世界。

# PART 1

# 【互動篇】

小時候，叔叔曾想給我一張百元鈔，要我喊他「爸爸」，我沒理他，爸爸至今提起來都很感動。

媽媽說卻說：「小孩這麼小，哪認得錢？如果給他一顆糖，他就會叫了。」

我的朋友老來得女，與老大年紀差了一大截、年僅八歲的女兒，聰明乖巧，很得朋友的疼愛。

某天新聞上正報導「老父生病，四兄弟搶捐肝」的新聞，因為兄友弟恭、父慈子孝，又能在患難時刻一條心的例子實在不多見，所以更顯此故事的難得。

朋友心中有感，順口問了女兒：「那我生病時妳會捐肝給我嗎？」沒想到寶貝女兒一口回絕：「我才不要咧，我也要活下去！」

朋友不以為忤，哈哈大笑，轉述給我時還為女兒這麼小就能理解現實感到很欣喜。

我們能為孩子的童言童語而高興，但如果她長大了，真的遇到這樣的抉擇時，為人父母還會有這樣的心情嗎？我們願意這樣欣賞家人並尊重他們的選擇嗎？

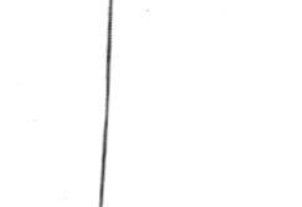

# 每個人都不一樣！從生活習慣上學習包容

孩子：媽！（興奮狀），昨天有明星在我衣服上寫字！

媽媽：我知道，已經泡在漂白水裡了，等等有空再給你洗。

孩子：……

這就是家人之間想法不同造成的差異，簡單的說法就是「代溝」。家長不懂在衣服上寫字的主意好在哪裡，孩子對家長的跟不上時代嗤之以鼻。

以前我那公務員的父親，只要看到電視上粉絲們對著偶像尖叫的畫面就轉台，邊拿著遙控器還邊鄙夷的說：「一群瘋子，不知道在迷什麼？」「偶像崇拜」在某些傳統父母心中是不可思議的，我則不能理解，為什麼偏偏不讓我看楚留香的最後一集，只因為我表現出很著迷的樣子？

孩子的夜晚總比白天美，聽春吶、看煙火、擠跨年，無一不是人愈多愈熱鬧、愈夜愈美麗；父母則是早睡早起身體好，年紀愈大愈如是，低糖、低脂、高纖，外加爬山甩手功，當然不能理解夜晚的魅力，看到小孩捧著小方塊滑不停，心中就有氣。

這些差異加一加，就可以輕易造成比馬里亞納海溝更深的距離。曾有門診的家長告訴我，她那個宅在家的兒子一天到晚上網，看了就有氣，有一天晚上吵起來了，氣不過就直接把電線給拔了，結果呢，當然不會有好結果：兒子暴跳如雷，到現在都不肯跟她說話，她則又煩惱又悲傷又生氣，氣兒子的不懂事。

家人，只是一家都是人而已，並非一家通通一個樣，一個屋簷下的各人小世界可能是很多種樣貌。

父母基於血緣，總是極力想從孩子身上辨識出屬於自己的「趴數」，不利於自己的部份則歸咎於另外一半：小孩大大的眼睛，像我，腳很細很修長，像我，塌塌的鼻子不像我，像她爸。

可惜的是，家人的個性若要單純從遺傳來看，我們怎麼猜都會猜不準，而且總是有意外，你搞不清楚到底是細胞分裂的過程出了問題，還是另一半的「不良基因」在作祟。明明是一個屋簷下一起生活，不同的成長時空下，只要差個十年就可以是火星與地球的距離了。我不能體會婆婆從大陸搭最後一艘船逃難來台的感覺，也很難相信老爸是如何目睹日軍的轟炸與撤退，而下一代小鬼則無法相信，當年沒有網路的我們是怎麼活下來的？

這邊，我想請為人父母者試著理解以下火星文：

＊明天要開56班親會，想必會來一堆歐氏宗親會的人。

＊moning call的成績出來了，爐主、顧爐、扛爐的還是那幾個宮本美代子的同學，要是我考這種成績，我媽一定AKS，罵我乾脆史努比算了。

正確的翻譯如下：

＊明天要開無聊班親會，想必會來一堆歐吉桑和歐巴桑。

＊模擬考的成績出來了，倒數一二三名還是那幾個根本沒事做（台語：根本沒代誌）的同學，要是我考這種成績，我媽一定會氣死（台語），罵我乾脆死在路邊（台語）算了。

父母當然很難懂：這只是孩子想創造出屬於自己個性的字彙、給自己同調性的人欣賞罷了。孩子只要維持這樣旺盛的幽默感與創意，父母腦袋卻得內建一台翻譯機才能隨時懂小孩在說什麼。即使我自己是臉書的重度使用者，也得了解什麼是「BJ4」和「魯蛇」（「不解釋」和「loser，失敗者」），不然無法進入臉友們的世界。

這麼多的不同，也許要花一輩子的時間去了解，所以「假裝」自己很了解家人，或者「自認為」很了解家人，不是顯得很可笑嗎？「了解」這兩個字，可不是自己說了算，而是當事人、對方的內在感受，就像「尊敬」二字，我們怎麼好意思說自己「是個受尊敬的人」，這話也要別人說了才算。門診時最常聽到的抱怨多是「××不了解我」，而不是「我不了解××」，太渴望別人了解自己而不努力去了解他人，這會不會就是困住自己的原因呢？

父母按照自己的意思要求孩子，甚至還會很悲情的演上一段：以後你就會懂了。如果沒有感受到愛，要如何懂呢？而子女呢，在他們小小領土上維護著自己的主權，並希望父母配合自己的需求。

母親節前夕，念小學的女兒貼心的問：「媽媽，你想要什麼禮物？」媽媽說：「我什麼都不要，只要妳乖乖的聽媽媽的話就好了。」女兒聽了就說：「那等我生日的時候我也不要禮物，只要媽媽乖乖聽我的話就好了。」

孩子的世界尚小，價值觀正在形成中，他們的霸道與自我中心只是在為日後的能力培養做準備，所以父母有責任讓孩子感受到足夠的愛與安全感，無條件的接納他們，這樣他們就可以勇敢的去面對詭譎多變的世界。

有個四十歲女性個案兩歲即喪母，由阿嬤帶大至國中，然後就和父親組成的新家庭同住，提及自己的不安全感時一方面可以理智的說，「我可以了解父親當年工作很辛苦，阿嬤對他另組家庭很不諒解，也批評他，而他自己又不會表達感情，講話又不好聽……」另一方面，受傷的那個內在小孩想的是：「我回想自己沒有童年，沒人假日帶我出去玩，沒人參加我的畢業典禮，那時候還小、覺得這也沒什麼，可是長大之後回頭看，就覺得好孤單。」

理智上可以理解家人的付出，但情感上仍舊需要被疼惜。感受不到親情，一切都是白搭。

另外還有一種狀況是，我們把家人當成「理想自我」，對父母來說，正因為看到自己的不完美，就期待、並誤以為小孩可以比自己更好更完美，青要出於藍更勝於藍：孩子，我要你比我強。對孩子來說，父母可給予的似乎沒有界限，就像多啦A夢，只要用「要」的就會有，父母是萬能的。

大人：為什麼你就不能像××一樣乖巧？（××請填入隔壁的小毛，叔叔的兒子，阿姨的女兒之類）

小孩：因為他的爸爸（媽媽）不是你啊。

如果想跟家人減少距離，就得要放下自我中心、自以為是的成見，看看你的家人，試著從全新的角度觀看，也許站在遠一點的距離會更好，看看這個像你又不像你的家人，到底有哪些驚喜？

每個人的世界都是小小宇宙、祕密花園，我有時候會看著自己孩子粉嫩的小小臉蛋，好奇著她們的小腦袋裡到底有什麼。當她們小時候被海綿寶寶卡通吸引時，我一邊說「這有什麼好看」時，一邊又忍不住和她們一起看，想知道這到底好看在哪裡？後來新聞出現了「美國最新研究發現，四歲兒童只要看如『海綿寶寶』等快節奏的卡通九分鐘，就會出現短時間注意力降低的問題」報導，於是輿論歸結出「看海綿寶寶智商會降低」的言論。那陣子小孩告訴我，她們的同學父母都不准她們看海綿寶寶，說是看了會變笨。

我告訴她們，會不准小孩看的大人多半自己都沒看過。我喜歡主角無可救藥的樂觀，甚至有些無厘頭的天真想法，我還選了部份內容當做病房的情緒團體教材，我認為這部卡通內容對習慣負面思考的人來說是有幫助的，所以大人的偏見真是可怕。

老大加寶很喜歡某插畫天后，收集了整套的作品，有一天，插畫天后新書發表要辦簽書會，我因為必須犧牲週末難得的補眠而去得有些不甘不願，但到了書店門口，看到插畫天后真的出現在眼前時，居然也和小孩一樣開始興奮起來。老大本來就把新書帶著，排隊準備給偶像簽名，其他讀者也拿著新書、海報，頂多加上幾台手機拍拍照，等輪到我們時，光簽書拍照已經不能滿足我了，我靈機一動，就把身上的牛仔外套湊過去跟畫家說：「幫我畫個小圖好不好？」插畫天后似乎很吃驚，笑了笑說：「別的媽媽都是不准小孩簽在衣服上的耶。」我急急的說，「妳隨便簽、隨便畫沒關係。」於是她用壓克力筆在衣袖上畫了一個簡單的小畫給我，旁邊的民眾則露出了豔羨的眼光，加寶在後面看到她老媽居然比她還追星，驚訝得說不出話。

等出來後我說，妳看妳看，這畫只有我們有耶，賺到了！加寶很開心，吵著跟我要那件牛仔外套來穿，嘿嘿。

我試著做一個不會把簽名衣服拿去洗掉的媽媽，試著去了解一個我不知道的世界，那是一個和我不太一樣的微型世界。當我去做這樣的事情時，有時雖然做的還不夠多（有時仍會被嘲笑：馬麻妳連這個都不懂喔），但小孩已能感受得到，這樣的努力與誠意絕對有助於下次能叫得動她洗碗與倒垃圾。

父母有時候會陷於兩難的掙扎：既想要小孩盡情的玩，又不願他弄髒衣服；既想要他有創造力，又擔心他隨意探索帶來危險；想要他做自己，「開心就好」，又不願他自己做決定，總忍不住給意見、甚至下指導棋，只因為覺得自己的決定比小孩好。

那我們對待自己的父母難道就比較少衝突掙扎嗎？當然沒有，也許和小孩相比還更多。當我們指責父母不學電腦跟不上時代時，會同時考量到他們對科技設備的原始恐懼嗎？會同時考量他們的視力、記憶及反應能力嗎？當我們指責父母愛吃肥肉不吃青菜時，會體諒他們成長於一個物資匱乏的年代嗎？

我們始終在學習如何與家人相處的過程，雖然都是基於愛，但在「自己」與「家人」不同立場之間拉扯，設法取得平衡。

# 長輩的課題：包容孩子的世界

主任告訴新進的年輕工讀生說：「這制服拿回去試試，記得背後要繡上公司 LOGO。」

過幾天他看到工讀生穿上了嶄新的制服，但背後卻大大的繡上了四個英文字：L—O—G—O—！

年輕人的邏輯不同於年長一代，可能是新鮮有趣，也可能是狀況外，在雜誌社工作的朋友面試新人，感嘆曾遇到剛畢業的年輕人會問公司有沒有 SNG 車。

孩子的世界是怎樣的世界？該做怎樣的理解？

社會刻板印象中有「嘴巴無毛、辦事不牢」的貶抑，所以可以讓年長者說嘴：我吃的鹽比你吃的飯還多，不聽老人言吃虧在眼前。最多的指控莫過於「抗壓性太低」，年紀輕便註定了閱歷淺、社會經驗較缺乏……但，這不是正常的嗎？誰不是從經驗中學習的，對年輕人「抗壓性」的指控，甚至演變為「草莓族」「水蜜桃族」，這說法到底是怎麼造成的？

大部份人對草莓族的看法，多指的是眼高手低、高不成低不就，或是喜歡跟主管抗辯、目中無人、遇到無法解決的問題或挫折就頻換工作的年輕人，甚至跟「月光族」、「卡奴」、「靠爸（媽）族」、「啃老族」這些字眼有連結，一有薪水就花光，不肯自我負責與獨立。

但年輕人可不怎麼同意——

## 有話直說≠目中無人

臭大人社會化了一輩子，當然學會了虛偽、表面工夫、老狐狸那一套……我是說，大人在環境的磨練下為了生存總得學會妥協與忍讓。想想當初有鬥志、理想，什麼都不怕的自己，對，自己當年的樣子正是年輕人現在的樣子。

曾有同事要我委婉的提醒工讀生，說話要有禮貌，結果那位可愛的工讀生妹妹眨著無辜的大眼睛說，「我平常說話就這樣啊，有不禮貌嗎？我不覺得我不禮貌耶。」這就是認知上的差異，因為覺得沒距離（或者親切）、貪圖方便而喊同事「喂」，在同事看來則叫作沒大沒小。當然這不是什麼大不了的指控，只是要讓她明白職場同事不等於同學，並了解年輕人的口氣背後並沒有惡意。

臉書上有個年輕妹妹在她的大頭照上寫著，「民主，總是由沒禮貌的暴民掙來，卻斷送在有禮貌的鄉愿手中」，我覺得十分有道理。愈來愈不敢有話直說的我們，得回頭欣賞直來直往的年輕人的坦率。

## 勇於改變≠抗壓性低

過去死守一個工作到退休的模式早就行不通，公家飯碗也不是人人想捧，現代多元社會有許多就業選擇，這些都是我們過去不曾遇到過的。

以前「老師」這職業是個穩定的鐵飯碗，母親除了絮絮叨叨要我考公職之外，就是期待我當老師了。現在我反而慶幸自己當年沒有按照大人的期望走，每每看到流浪教師沒有學生可教，就想起自己當年選了一條自己想要、但十分辛苦的路，成果不是馬上就能看見的，而是努力了許多年之後才漸漸被父母認同。

門診時，我看了許多寄居在家、找不到工作的年輕人，不斷被父母指責「整天懶在家」、「隨便找個兼差也是工作」，只能來做心理晤談取取暖，讓外人同理自己的感受。

一個大學生畢業後半年內還無法就業的比例就高達七、八成，想「隨便」找個工作，半工半讀的學生或二度就業早就也急急卡位，不一定輪得到自己。就業條件差，雇主盡可能要求員工條件如同八爪章魚，什麼都得會。一個租屋在台北工作，被台北的高物價高房價嚇到、很想回高雄就業的女生告訴我，看到南部的公司徵一個行銷企劃，電腦軟硬體都要會（還註明要能修電腦），中英文流利，文筆要好，還能通國貿會計、詢價報價與熟悉報關流程，還要會騎機車，這麼全方位的條件薪水不超過兩萬四。

上班打卡制，下班責任制。

月薪22K，無加班費，無年終獎金，無加薪，幹不幹？幹！

這樣的環境不知其父母可以體會嗎？

## 月光族≠亂花錢

如果22K是年輕人的噩夢，那麼說他們是月光族就過於嚴苛了，別說房子買不起，這份薄不過衛生棉的薪水要支付生活開銷已是勉強，更別說物價飛漲、只有薪水不漲的窘境。

門診中不少年輕的個案跟我抱怨，由於就業條件差，父母收入也不高，早在求學時代就已經辦理助學貸款了，抱著一份22K的工作戰戰兢兢，哪天轉換工作不順，在家蹲了半年一年，父母也不會給零用錢（順便指責小孩好吃懶做），這樣的情況下只好刷卡，在下一份工作穩定以前很可能已經負債二、三十萬。卡奴已不是過度消費的結果，而是不得不拿來生活的無奈。

小柯薪水只有22K，但很有志氣的他在大學畢業之後展開十五年買屋計畫，他努力省錢存錢，除了住在家裡按月給母親五千元生活費（這已經比房租便宜許多），其他的能省則省：自己煮咖啡就別買星巴克，公司開會剩下的便當也不要浪費，聚餐一定要找有折扣的，每個月設法存下一萬塊。

終於，在他四十歲的時候把用力存到的兩百萬，再加上父母資助的兩千八百萬，買下人生第一間房子……

所謂靠爸靠媽族真的是形勢所逼啊，而大人的過份指責，也只是出於年紀的傲慢，以年紀來要脅小孩聽自己的話罷了，管你是十幾歲、二十幾歲、三十歲，只要沒達到大人認定的生活穩定標準，一律稱為草莓族。以大壓小的惡習，不只老人有，大人有，就連半大不小的孩子也學會了。

加寶在十歲時，就懂得罵比自己小的孩子為「小屁孩」，當她說

「哼，那個小屁孩……」時我總是覺得好笑：「什麼小屁孩，你自己不是小屁孩嗎？」等她抒發完了己見之後我就試著說理：「別說什麼小屁孩了，如果人家說你妹是小屁孩你會怎樣？」「妹妹本來就是小屁孩啊。」加寶嘴上不服輸的說。「如果人家說你是小屁孩你會怎樣？」加寶就不敢再回嘴。

當我們學會用同樣的高度看待孩子，當然就更能聞出這段空氣中的許多味道。從批評草莓族到理解「屬於22K的悲慘世界」，包容愈多，指責會愈少。

# 晚輩的課題：包容老一輩的世界

女兒：老師說我們這個年紀是叛逆的青春期，脾氣會很不好，所以你不能隨便罵我。

老媽：老娘現在正處於更年期，脾氣更不好！

一班人印象中的ＬＫＫ是什麼形象？經過本人非正式民調顯示，周遭人的感受其實是十分的矛盾，一方面認為老一輩落伍，跟不上時代，滿口自以為是的大道理，碎念，另一方面又期待老人該有老人的「樣子」，既希望他們改變又不希望他們改變。

有一次我坐捷運，遇到一個已經滿頭華髮的婆婆，十分搶眼的穿了全身白色，白色裙裝，白色蕾絲邊配白色泡泡襪，周遭民眾大多露出嫌惡的表情，一群剛上車的國中男生嚇了一小跳竊竊私語：「那個人好勁爆喔。」不知那句「勁爆」背後是欣賞其大膽，還是取笑其不倫不類？

我這個中牛代早早就告誡小孩不能取笑老化現象，蝴蝶袖、肚子油，哼，時間遲早的問題，等著吧，有一天大家都一樣。

而「歐氏家族」（歐巴桑、歐吉桑）特有的行事邏輯，背後許多都帶著對家人滿滿的愛意：手機是用兒子不要的，可以用就好；報紙一格一格破洞沒辦法看，原來是把優惠券剪下來了；週年慶年輕人搶的是化妝保養品、包包，歐巴桑搶的則是壓力鍋、保溫瓶，外加羽絨被，連歐吉桑的襪子露出大拇指，內衣穿出荷葉邊，也聲稱懶得換，舊衣比較舒服；以前內褲非CK不穿，現在則專挑家樂福兩件一百。

可惜子女能理解卻不一定領情，拿著用報紙剪下的小紙片優惠券覺得好丟臉，不如把手機 QR code 的優惠拿出來刷一下比較時髦；拒絕拿「××工會敬贈」的購物袋，寧願去排限量一個兩千元的手提布包，被大人念還會回嘴：「你懂什麼，這是時尚！」

父母不是沒有屬於自己的時尚，只是在生活的柴米油鹽中默默消失，他們漸漸的進化，變成「為了子女什麼都不怕」的超級爸媽。

前幾天在家裡要吃晚餐，正要去廚房跟老媽聊聊天順便幫忙端菜時，聊著聊著眼前突然出現了一隻小強！

正當我在思索該用什麼道具解決強哥的時候，說時遲、那時快，我老媽一巴掌直接就拍在小強身上！我大驚：「妳……妳就直接這樣打下去喔？」

媽：「阿不然咧？不然我要先尖叫嗎？」

漸漸地，開始長大的子女有些懂了，從「討厭歐巴桑」到讚美歐巴桑為「地表最強生物」，為了子女、家人，可以不顧形象美醜，擋我（及小孩）者死。

他們是一種掠食性的動物，只要大賣場或是百貨公司有打折，馬上就可以看到活生生的撕扯秀，那些衣服就是獵物。每次經過正在特價的服飾店，或是打折的藥妝店，我的生物本能都告訴我要盡快離開那地方……超強的饒舌能力、通常穿著涼鞋、拖鞋配上花色鮮艷的短洋裝，而最為兇猛的則是頭髮上有髮捲……說真的，路旁的歐巴桑能一掌打爛地球我都不意外。（引自部落客史萊姆）

當我開始喜歡豹紋時，家人就笑我老了，當我看到 bling bling 的水鑽飾品愈閃愈喜歡時，會發現旁邊搶購的好像都是歐巴桑。漸漸地，我不在乎下樓倒垃圾是否該穿胸罩，去接小孩放學時先生說：「你就穿這樣出去喔」，我會回答：「啊不然要穿小禮服喔？」

《帶媽媽去旅行：幸福與夢想的背包客之旅》這本書，就是身為子女的作者理解了母親對自己的愛，並試著藉由旅行來回饋。韓國作家太源晙在短期內失去了父親與外婆，對母親來說她失去的是先生與母親，在家庭氣氛最沮喪悲傷的時候正逢母親六十歲生日，於是便籌畫環遊世界旅行作為母親的生日禮物。

許多人讚他勇敢，因為想和父母一塊出去旅行的，不是為了父母可以幫忙出旅費，就是自己意識到父母年邁再不玩就沒機會，純粹是去盡孝道，陪伴意味較多。通常孩子多想著和情人、另外一半去兩人世界，要不就寧願好友揪團去自由行。

而作者想的卻是「我希望旅途中每天能看到母親的笑容，這就是幸福」，那個希望母親能夠快樂、重展歡顏的心，最終讓兩個不同小世界的人凝聚在一起。也許我們各自的世界並沒有那麼不同，我們都可以讀懂對方的關心和愛。「沒有理由不與和朋友、戀人一樣珍貴的母親一起旅行啊！」「如果不是媽媽，不會有這趟環球旅行的開端。」旅行終了，他為這個背包客母親打了A⁺⁺的分數。

我不是一個孝順的女兒，年輕時自己規劃要去土耳其旅遊，平日很節省的母親居然興致勃勃的提議要跟，我雖然答應帶她一起去，她也很乾脆的付了並不便宜的團費，但我心裡百般不情願。

出國次數少得可憐而且都離不開亞洲的老媽，對於出門野慣了的子女來說，行徑簡直不可思議：人還沒出關便差點搞丟護照，我們在機場就先大吵一架；不知道飛機上的廁所要怎麼打開，我得隨侍在側以防她被關在廁所裡；進了飯店的大廳，看到鋪上厚毛的地毯就先脫鞋，說是「不要把別人的地毯踩髒了」；不知道咖啡的小湯匙只是攪拌用，她拿來一小口、一小口的舀著喝，被我制止了還老大不高興。

這趟旅行可以說是從頭吵到尾，我神經緊繃總認為要顧著她，不能暢快的玩，我心裡想，下次絕對不要單獨帶老媽出國了。若干年後母親病了，經過幾次化療之後日漸消瘦，我想找一些可以激勵她的事情，便說，等你有體力我們可以再出國玩。

沒想到此話打開了母親多年前去的那趟土耳其之旅的記憶盒子，她開始很興奮的述說頂著烈日在巨大的競技場裡參觀：「就看一堆石頭，爬上爬下的，真累，我那時的體力真好！」還看了清真寺，吃了烤全羊……。沒多久母親走了，這成了我和母親之間難得的共同回憶。

終有一天我們都會一樣，終究抵抗不過新陳代謝與地心引力，跟不上時代的腳步，即使如此，我們會願意停下來陪自己的家人走一段。

# 小孩的邏輯：天真、好奇，什麼都不怕！

小孩對媽媽說：「我們來玩動物園遊戲吧。」

「好啊，要怎麼玩？」

「很簡單，你來當遊客，我當猴子，然後你餵我花生、餅乾和巧克力……」

小孩並非被動的接受世界，而是用自己的眼睛認識這個世界，他們天真、好奇，什麼都不怕。

老大加寶念高年級時愈來愈有屬於自己的好惡。低年級的小學生對於老師大多言聽計從，什麼都是「老師說」，才隔幾年，便開始進入「不是誰都值得尊敬」的階段，開始有許多自己的想法，尤其不喜歡那種常說教、老愛 balabala 的老師：「那個 ×× 老師很煩耶！」有時加寶會這樣告訴我。

我問，「你不喜歡怎樣的大人？」她說最討厭大人碎碎念、喋喋不休。寧願被大人一次罵到臭頭，也不願意被大人碎念好幾遍，像是擺脫不掉的頭皮屑。

「那麼最喜歡怎樣的大人呢？」幽默、不多話，嚴肅亦可，只要能傾聽小孩子講些有的沒的，就可以了。

聽起來不難，技術上就是要做到：當他想說話時就讓他盡情的說，並配合點頭微笑，但不能只是這樣像是敷衍，必要的時候需回應個一、兩句（不超過三句），讓他知道你有在聽。對成年子女亦同（成年子女想說的話更多）。

大人一定要先忍住想 balabala 的衝動，以退為進，才有辦法爭取到孩子的認同：孩子心裡不認同你、不認為你會接納他，那麼你說起話就沒什麼份量、沒影響力。急著搶在孩子面前說話，並不會因此取得先機，反而落了「嘮叨」的惡名。

說是「以退為進」，當然不會完全推翻嘮叨的功用，只是「表面上」不能讓孩子覺得你在嘮叨，而失去了接下來想達到的目的。澳洲幾年前的研究甚至肯定了嘮叨也有它的效果：可以讓孩子感受到對他的關心；在專心讀書這件事上，有點嘮叨是好的。

太嘮叨，把小孩推得更遠；都不嘮叨，孩子還嫌你不夠關心他，孩子還真是難搞！他們還在學習如何掌握自己的權力，同時盡量兼顧父母的感受，顯然是先練習前者，行有餘力才能做到後者，所以父母心臟得練得強一點，當他想獨自探索時不希望你在旁邊，你只能在背後五百公尺的地方默默守候、等著，在他跌倒、哭泣的時候過來抱著他，給他支持的力量。

孩子還小時會以自己的好惡需求為先，這是生物求生存的保護機制，不能歸結於自私，不自私是社會化學習的結果。以前我觀察小女兒廷寶的自主歷程，覺得十分有趣。孩子六歲以前我是假日父母，只能在週六日從爸媽家接回照顧，所以孩子對我有不安全感是自然的。有一次我多念了她幾句，她不高興，嘴一癟說，「哼，我不喜歡你了！」（「不喜歡我」是她小小腦袋裡所能想到對我最嚴重的懲罰）我故意逗她：「啊，你不喜歡我了喔，可是，我很喜歡你耶，那我可以繼續喜歡你嗎？」她被我的話困住了不知怎麼回應，只能愣愣的說，「喔，那好吧。」

小孩可以自我的非常直接，不修飾。為了學習、摸索到屬於自己的需求，兩到三歲的我們就開始學會說「我不要」，從被父母強迫餵食中表現出「我不想吃」到長大後的「我不要你管」，想想當年的自己是多想掙脫父母的束縛，走出屬於自己的路！當然，也有乖寶寶型的孩子，能夠全盤接受父母提供的價值觀，但前提也是能夠全然感受到父母的愛，經過自己選擇後，才接受父母想要的樣子。

所以，回過頭來，我們願意給孩子自私的權利嗎？

小孩跟媽媽說：「媽媽，我要養小鳥。」

媽媽：「不行！」

小孩：「那不然妳給我一百塊。」

媽媽：「給妳一百塊做什麼？」

小孩：「妳說不能養小鳥，那我養鳥媽媽好了。」

小孩試著獨立，發出自己的聲音，用自己的眼睛觀看，對外面世界探索更多，也更在意外人的觀點。老大加寶在邁入青春期時就開始不在公眾場合給我親親了，當我想 kiss-bye 時她會閃躲，連親臉頰都不行，我就明瞭她已經長大，不玩小屁孩的把戲了，所以我開始試著把她當成小大人，不再跟她那麼親熱。沒想到這個小大人內心還是有想親親的欲望，有一次睡前很哀怨的跟我說：「媽媽，你都只親妹妹，沒有親我了。」哇咧，「是你不給親好嗎，我每次要親你、你都跑掉！」「那是因為我『剛好』在忙嘛。」真的很會找理由。

只能在她想被親的時候給我親，不想給我親的時候我就不能「踰矩」，這階段的小孩真自我、真麻煩。

自我感太強的壞處是誤以為地球繞著自己轉，同時也會放大自己所造成的影響，特別是負面影響。當父母離異時，不管是多大的孩子都會責怪自己（認為必定是自己做錯了什麼、影響父母的感情），懷疑自己存在的價值（「如果沒有我，也許父母就不會吵架了」或者是「父母不要我了」），這些想法會讓父母很訝異：即使父母從來沒有這麼想。這又回歸到家庭的基本面，不管孩子怎麼變，也需要父母不停歇的關愛，而且也始終認為父母是最重要的。

放學回家，一對雙胞胎兄弟很興奮的告訴媽媽：「今天全班同學投票，選出『最漂亮的媽媽』就是妳！」媽媽很開心的問，怎麼會當選的。這對兄弟開心的說：「同學們都投給自己的媽媽，我們有兩票，所以妳當選了。」

孩子的赤子之心是父母珍貴的禮物，他們從你而來，要成為像你又不像你的人，其中的種種考驗都有待經驗成熟的我們加以帶領。

# 父母任性起來，其實也不輸子女啊

父母為了管教小孩的問題常有爭執，有一次小孩不乖，爸爸表示非揍小孩不可。

媽媽求情：「這次就饒了他吧，下次再犯再罰也不遲。」

爸爸氣沖沖的說：「如果沒有下次該怎麼辦？」

前述提到，我們常常過度美化對家人的想像，把家人視為「理想自我」，這種「症頭」在父母身上又更明顯。父母有屬於父母的任性，自己卻不自覺，強加不合宜、甚至無禮的要求。

有時候，我服務到這樣的家庭實在很無奈：自己已是高知識份子的父母希望孩子跟自己一樣，當教授的就理所當然認為孩子也能當教授，當牙醫的就希望孩子能當「真正的醫生」；或者是，要孩子替自己圓夢，自己當年做不到的卻要孩子做到，只要孩子功課好一點就期待他「出人頭地」，因為自己辛苦了一輩子，很應該在後半輩子享受子女帶來的榮耀……忘了自己的父母當年也許並沒有這樣期待自己，忘了自己走的是不同於父母的路，忘了孩子也有他自己的想法。

而這些總在孩子出現不對勁的症狀時父母才開始反省。有個年輕人告訴我，他大學念法律系時父母就對他說，日後他要開一間律師事務所時不用擔心，已經幫他準備好一筆錢了。畢業後他連考兩年律師考及公職考都沒考上，也去了事務所打工當助理，漸漸地確定自己不適合走法律這條路，他告訴我一個瘋狂的想法：想重讀大學、念自己喜歡的科系。

「你要是跟父母說這件事，他們會瘋掉吧。」我不安的笑著問。

「沒錯，我媽聽了很抓狂，說我抗壓性太低，沒定性，還說不會幫我出半毛錢……現在住家裡就已經沒給我半毛錢了，我都靠之前打工的存款過活，可是慢慢的也快不夠，我只希望他們能支持我，就只幫我出生活開銷就好，讓我可以好好念書就行了，他們並不是沒有錢啊……」

這個難題令我也感無解，我感受到的是他那個世代父母的想法：都栽培你到大學畢業了，要你生活自立不過份吧；我們已經不期望你當律師了，還要我們怎麼樣？當了一輩子學生，最後還不是要面對社會？現在不開始適應，難道要等到七老八十？……兩邊都沒有對錯，我只希望他了解目前的處境，規劃目前能力所及的事情就好。

如果小孩藉由說「我不要」來建立自我感，那麼父母的「不可以」就是設法抑制小孩過度自我、不顧後果的行為。我能理解其父母認為他「不切實際」的想法，也能理解小孩「不被父母了解」的心情，我更期待他獨立的過程可以更完整。想圓夢，半工半讀才能顯出自己的決心，而不是把部份責任放在父母身上。

我覺得他父母勇敢的地方在於會喊卡，沒有把開律師事務所的錢再度投資到他無盡的夢想裡，他們好不容易從律師夢裡甦醒，而屬於孩子的夢，需要孩子自己去完成，只是這孩子還沒準備好，我只好期待並祝福他們經過試煉的愛會走得更加穩固。

有些父母沒有上述的困擾，而是固守一些牢不可破的邏輯讓子女不解。基於無法外顯的內斂情感，認為有些想法子女要能自己「體會」，若說破就沒意思了，和兒女玩「猜猜看」的遊戲。

我的母親就十分需要子女來猜懂她的心思，如果她做家事做得很累，子女又紛紛躲在房間玩電腦的玩電腦、講電話的講電話，就會發出砰砰乓乓的聲響，或者是開始碎念我們做的事：「成天只會玩電腦都不會看書喔」「一直講電話幹嘛？講電話就會飽了嗎？」說這些的背後無非是想告訴我們：「還不來幫老娘的忙！」如果我們還不知好歹的繼續做自己的事，她就轉為更歇斯底里的發洩：「我這樣做到死好了，看你們什麼都不會、以後就看著辦好了！」等我們駑鈍的神經開始有反應，即使想要幫忙也變得不敢幫忙了，擔心掃到颱風尾。

有些家庭的樣貌就是這樣，父母抱怨小孩不懂得自己的苦心，做得愈多，小孩跑得愈遠。

像我母親這種「你應該要懂」的邏輯，等我自己當了媽媽，花了很多時間才懂一部份。當時母親開始將抱怨轉向媳婦，私下（當然無法對著媳婦明講）對著我說：「她看到地上很髒，應該要主動去擦才對。」「看到我在廚房，應該要自己過來幫忙，就算不會煮也要過來幫忙洗菜啊。」

我說，「你覺得髒，說不定我們不覺得啊。你不講誰知道你想擦地板？你就直接說啊，你說了她一定會去做的。」但老人家的邏輯是這樣：

「為什麼什麼事都需要我說？你們『應該』要知道的事為什麼還要我講？如果什麼事情都要我講的話就不必講了。」（其中有賭氣的成份。）

這實在有違我心理學所受的訓練。心理學一直深信，直接的溝通是最有效的溝通，但東方社會似乎不是這樣，跟口語溝通比起來，東方社會也許更喜歡無法言喻的默契。

默契，就談戀愛這件事來說是很美，心裡想著同一首歌又同時哼出來，剛好買了對方一直很想要的禮物……等，但在家庭關係中除非家中各成員都能接納這種溝通模式，否則造成的誤會也是很難「言喻」的。

還好我們並不總是那麼反應遲鈍，非語言的默契也常發揮在生活周遭，有時也成了化解生活難題的幽默感。

小孩：「天天在家吃都吃膩了，今天可以到外面去吃嗎？」

媽媽想了想，點點頭……然後盛了一碗飯給小孩，叫他自己到陽台外面去吃。

父母不是不知道小孩要什麼，只是刻意裝不懂，故意只按字面來解釋，要小孩知難而退。在深層溝通的時候，默契可能吃了一些虧（子女還沒達到理解的程度），但在表達立場與想法上時，父母可是遊刃有餘，無堅不催。

我的孩子有時會在逡巡了一遍餐桌上的菜色後，臉上露出不滿意的表情：「可是我今天想吃炒麵。」（一定會說餐桌沒有的菜色。）

我那個年代的父母，以及已經身為父母的我，都對於小孩被寵壞的、挑三揀四的挑食行為表達過嚴正且不耐煩的立場：「不吃，那就餓死好了。」（我沒想到自己有一天竟跟母親說出同樣的話。）只是想讓小孩懂得感恩惜物，並非不想疼愛孩子。

小孩表達出的「表面邏輯」是他不想吃桌上的菜，想吃點「特別的」，而父母對於這表面邏輯會解讀出更深一層的意義，那就是自己辛苦煮出的餐點孩子不看在眼裡，這令父母更加火大，所以就會說出「你可以選擇『吃』或『不吃』」那樣的話。

關於因應「表面邏輯」這招的另一種學習是，當自己剛結婚、還沒有小孩時，有一次去逛街看到櫥窗某個包包，於是語帶暗示的對老公說：「這包好好看啊，好想要喔。」老公居然很鎮靜的回我：「那妳就繼續用『想』的就好了。」哼，於是我記住了，等以後小孩也吵著想買某件小物，什麼「我好想要」之類的時候，我也很鎮靜的回答：「好啊，那妳就繼續用『想』的就好了。」小孩當場啞口無言。

大部份父母想把子女捧在手掌心的心意是無庸置疑的，但捧在手上該用怎樣的力道？捏太緊怕他無法喘息，放太鬆又容易從指縫溜走，如何動之以情、說之以理，有時甚至使出必要的體罰手段，這就是管教上的藝術了。

下一篇則會詳細解釋，管教態度與方式的不同會帶來哪些不同的影響。

# PART 2

# 【管教篇】

家長日當天，小明的爸爸很擔心調皮的小明在學校闖禍，就問老師：「小明他在學校乖不乖？」

老師面有難色的說：「還好啦，他就是比較喜歡罵髒話。」

小明的爸爸回頭就打小明的臉說：「馬的，誰叫你說髒話的？」

有時候父母興之所致的不當言論，很容易就被孩子學了去，情緒性的發洩也被孩子謹記在心，更別說影響力更大更遠的管教手段了。

加寶小五的時候，一次課後跟我閒聊：「馬麻，今天我上體育課時，因為鞋帶鬆了踩到腳，說了一句『他奶奶的』，結果老師罰我抄寫10遍……」

廷寶也早早就記住大人毒舌的精髓，有一次告訴我：「馬麻，今天有個小朋友亂告狀，跟老師說我剛剛沒有排隊，我很生氣就跟那同學說：『你是哪隻眼睛看到我沒排隊？左眼還是右眼？我弄瞎它！』老師沒有罵我，但是有問我是跟誰學的……」

我想，言教，身教，與管教同樣重要。

小孩子的記性很好，做父母的飯可以亂吃，話可不能亂講啊……（冒冷汗中）

# 小孩到底需不需要管教？

管教小孩的前提是，大人需要自我管教跟約束嗎？基於平等原則似乎是這樣的，我想父母也不敢反對此論述，但基於大人的傲慢與權力，我們會「不小心」忘記這點。

我們叫小孩不可以說髒話，自己卻可以；我們叫孩子不要整天玩電腦，自己卻在滑手機；要小孩多讀書，自己的書桌上也沒幾本知性的書，漫畫與八卦雜誌倒不少；叫小孩別學大人抽菸，自己就是個老菸槍；大人表裡不一的情況太多，若膽敢挑戰大人的權威，我們還會振振有詞的說：「小孩就是不可以，等你長大再說。」意思是，老子可以，你就不行，因為老子年紀大了，要改也很難，可你是小孩，小孩就是不能學我。這種老大心態會讓管教產生多大的效果，頗令人懷疑。

在門診裡，如果遇到太太抱怨與先生長年感情不佳，先生會酗酒、賭博，對太太家暴時，我通常會順便一問孩子的狀況。「這小孩很乖啦，不像他爸！」太太拍胸脯保證。我沒那麼樂觀，我所想的是，這男人要不在這個家的地位不高、沒有影響力，要不就是這樣潛移默化影響會在日後出現。要自己的小孩「別像老爸一樣學壞」可得很有說服力才行，要不就是有一個能幹如阿信（在此指的是日劇阿信、非五月天的阿信）的媽媽、可以彌補老爸的不足，要不就是小孩真的是為了報恩來投胎的，沒有任何學壞擺爛的念頭。

或者是另一個看似很有說服力的說法：「你爸就是小時不用功，現在工作才到處吃虧，難道你要跟你老爸一樣嗎？」意思是說，老爸可以有藉口繼續爛下去，但，孩子你不行，你就是要比我有出息，所以你就不能考不好。

大人如果沒辦法提供好的學習基礎，那這個要求就十分沒道理（又要馬兒好，又要馬兒不吃草？），若大人已經提供了很好的學習基礎，要小孩能從中體會到多少苦心，也需要大人的提攜教導，不光是砸錢栽培小孩而已。

管教背後是否有愛，孩子是否感受得到父母的關心才是管教的重點——不管是否要選擇體罰的方式——即使體罰，小孩被打得唏哩嘩啦也不因此怨恨父母。

爸爸：你今天去哪了？

兒子：我去上學啊。

爸爸：放屁！我今天在你小學放學時去校門口等你，小朋友都說沒看見你，說，你到底去哪裡了？

兒子：……爸，我上國中了。

＊

太太看到先生無緣無故的打起小孩，便上前阻止說：「你幹嘛要打小孩子？」

先生回答：「因為小明說明天要發考卷，但我剛好要出差不在家。」

為人父母只是投胎的時間比較早，沒道理站得比孩子高，馬齒徒長不是拿來說嘴的理由，前一章也提過，至少要站在相同的高度上來管教孩子。教授博士不見得比較會教小孩，道路清潔工教出三個理、醫、工科的專家我也不是沒看過。我們都是從零開始，從頭學習當父母，與孩子的立足點是平等的，但我們高度仍舊比孩子高一些：我們是父母，當然有權力管教小孩，但我們也會犯錯，隨時可以接受討論與修正。

在討論「用什麼方式管教」之前，我想還是先搞清楚最重要的管教「態度」問題，第一，什麼該管？第二，想達到什麼效果？

早在我還沒當媽媽之前，我就漸漸地描繪出自己當媽媽的樣子：我想當一個「讓孩子信任的母親」（我曾告訴女兒，以後不管你喜歡的是男生女生，麻煩讓我知道一下），但不想孩子爬到自己的頭上；我也不想當「孩子的朋友」。開什麼玩笑，老娘就是老娘，怎麼可以跟自己的小孩當朋友？這類的教養蠢話還包括「把婆婆當做自己的母親（或朋友？）就不會有婆媳問題」，簡直是狗屁不通。角色不同無法亂湊，就像你不能把橘子變成香蕉。

我不會讓自己當個「偽小孩」，試著和小孩混在一起，但我希望讓小孩了解，當她需要我的時候我一定會在身邊。我看不懂她的動漫作品，但願意為她找一個可以學漫畫的畫室；我不一定會喜歡她的偶像，但願意帶她去擠簽名會；如果我在外面的情緒影響到她，不小心罵了她，我也會試著道歉（我是說，盡量啦）。

我要孩子學會包容（因為我有許多同志朋友），學會保護自己（因為我曾經承接過政府的性侵害防治業務，太了解色狼長什麼樣），所以我堅持讓兩個女孩子從幼稚園開始學跆拳道，小時候她們還會小抗議：「為什麼我同學可以去學芭蕾，我卻要學跆拳？」一路學到她們都拿到黑帶，換阿公抗議了：「你到底要讓她們學到什麼時候？難道真的要出國比賽喔？」阿公仍舊期待女孩子可以溫柔婉約。

基於這些思考藍圖，有助於我想要給小孩怎樣的母親形象。其實就是一個恩威並施、黑臉白臉皆扮的母親形象，平常可以跟我嘻嘻哈哈打屁兼枕頭戰，但該做的事情沒有做時，我會讓她們知道暴風雨不遠了。至於什麼該管？對於生活基本作息與生活責任我一定會管，該幾點睡覺？何時吃飯？我有我的堅持，但這樣必定有所犧牲，我已經很久都不知道什麼叫「睡到自然醒」，永遠得比小孩早起準備早餐，看不到跨年的煙火（因為早就陪孩子睡了）。

長得愈大時她們該盡的責任就愈多，洗自己營養午餐的餐具碗袋、摺自己的衣服是基本功，全家該分攤的工作，如倒垃圾、掃地拖地洗碗等，也無一能倖免。我不願意像某些寵愛孩子的傳統父母，一邊說「把功課顧好就好」，一邊當自己做家事做得要死的時候又遷怒小孩、怪他們不體諒，釋放出一種矛盾、不一致的訊息，讓孩子無所適從。

不管是傳統教法，還是新式民主教法，或是像我這種什麼都來一點的大鍋菜教法，要緊的態度是一致和坦誠，讓孩子知道父母的期待是什麼？該遵循什麼？底限在哪裡？明明心裡很介意孩子這次粗心、沒有考出應有水準，心裡想大叫：「臭小孩，為什麼你題目不多看兩遍？」卻有些虛情假意的說：「算了，這次題目本來就很難，你已經盡力了。」敏感的孩子會因此自尊心受損，因為你選擇放棄督促他。

教養的漫長過程是一場拉鋸戰，許多時間雙方都不會太快樂，至少有一方不太快樂（如果有一方太自由放縱，另一方就痛苦），有時只好幽自己一默，告訴自己革命尚未成功，同志仍需努力；只有持續的努力與付出。有想努力的父母，就會有想努力的子女，努力不會讓我們按照自己的意思走，但結果一定是值得的，至少到目前我都這樣深信。

# 寬鬆的教養觀：玩出自由創意的新生命

兒子告訴老爸，這次有一科考了一百分，下一個目標是想考第一名。

爸爸說：「如果你考了第一名我就開心死了。」

兒子回答：「那我不要考第一名了，因為我還不想你死。」

上一節是屬於我的教養風格。不同的父母有不同的教養面貌，沒什麼標準，完全是「個別化設計」，量身訂做。不同風格的父母產出更多樣風格的孩子，這才是世界多樣的精彩之處，沒有什麼標準的成功教養法。如果有人這麼宣稱的話，請注意這「專家」到底是在唬爛還是炫耀，把自己的經驗當成唯一準則，說不定有一天會自己打臉吶——那種常講與另一半很恩愛的名人，等到真的外遇劈腿被逮就會糗到無法翻身（話說，孩子的成就也不一定跟父母教養有關）。

有的父母態度隨性，幾點睡覺、幾點起床並不在意，不想上學就為他請假，你說這樣的孩子散漫嗎？也許是，但他亦可能成為一個自在、輕鬆、樂觀的孩子。

有個念森林小學的孩子跟我說，家裡很願意給他生活與學習的自由，他可以選擇想做跟不想做的事，父母不催促他讀書，但考幾分他要為自己負責。有時候他考得好，有時考得不好，目前為止完全看心情：「我的老師都『拜託』我上課耶。」他很開心的跟我說，老師跟他平起平坐兼商量，有時候他不想進教室，只想在樹下撿樹葉、聽蟬叫，老師也由他，但如果因此沒參與到同學的慶生與笑話，也是自己的損失，所以目前為止不算翹課太多。

## 二十六分的藝術：下次努力一點就好啦

知名部落客寶爺分享他的親子經驗，在臉書上得到數萬個注目與按讚，我也是支持者之一，他也很大方的讓我分享他的家庭故事。

寶爺有兩個女兒，從小到大沒上過安親班，通常都是放學寫完功課後就一路玩到睡覺前，連書都沒有拿出來溫習，家裡甚至連書桌都沒有！當然有人批評這樣的父母荒唐、怠惰，但這個很酷的光頭老爸說，和他那兩個女兒相處過的人都知道，她們絕對是自動自發的小孩，凡事不需要人家催促，懂事好相處，也能和大人隨性自在的談天說地。這老爸每天花很多時間陪她們講話，陪她們一起吃飯，陪他們親親抱抱，回答一些永遠回答不完的問題，容許她們想像一些根本不合理的想像。

前幾天，正在客廳和姊姊玩樂高玩具的肥栗突然轉頭告訴我：「把鼻，今天數學我只考了二十六分喔～」

「哇靠！這麼高啊，有沒有被老師罵？」我忍不住笑了出來。

「沒有被罵～題目好難，反正就是這個分數啦。」她笑著摸摸自己的頭。

「二十六分，妳有什麼打算？」我問。

「沒什麼打算啊，下次努力一點就好了。」她的回答非常官腔，接著繼續轉頭回去和姊姊玩樂高。

「妳不怕我或馬迷生氣喔？」我又問。

「你們才不會為了這種事情生氣咧。」她很有把握的回答。

「當然⋯考二十六分的人是妳，我們幹嘛生氣懲罰自己～」我轉頭繼續看我的新聞。

（以上內容經作者梁嘉銘同意刊登）

為什麼做父母的可以不生氣？如果你的同理心夠強的話自然能夠理解：我們也曾經考過爛到不行的成績，人一輩子會考很多試，有必要在乎一次的分數嗎？當考壞的時候，有誰心裡不是想著：「啊，就這次題目比較難嘛，我有什麼辦法！」「範圍那麼多我哪念得完？」有誰會真心懺悔：「我錯了，下次一定奮發向上，不負父母對我光宗耀祖的期待！」大部份小孩心裡都是想著：「你到底是念完了沒罵夠了沒？」講完了我就要進房間，同學還等著我打連線遊戲呢。

這老爸的想法是，「女兒其實已經考得比當年自己最爛的六分還要好了。」（這想法也太正向）雖然不少人有過數學的創傷並留下陰影，但這些人長大之後沒有一個買東西會因此找錯錢。

跟學業成績比起來，這家長更在乎的是創造力，創造力可以讓孩子有能力理解世界上的人事物，看到事物背後的許多意涵，更願意去思考。

# 嚴格的教養觀：少一分、打一下！

小毛問大頭，「如果你考得不好，你家會怎麼處罰你啊？」

大頭說：「八十分以下是女子單打，七十分以下是男子單打，六十分以下是男女混和雙打。」

有的父母教養風格十分嚴厲，指出缺點毫不留情，甚少讚美，你說這樣的孩子不快樂、緊繃嗎？那倒也未必。

我小學有段時間成績還不錯，有一次不小心拿了第二名，老師為了激勵我，就說我可以更努力「打敗」第一名。問題是，我們班的第一名總是第一名，我一點都不想跟她搶，但對於她為什麼可以老拿第一名感到好奇。有一天，這個第一名邀我去她家玩（想必是那時我第二名的緣故），於是很高興的去了，玩了什麼早已不記得（我有玩到嗎？很懷疑），但卻記得進去沒多久就嚇到了，當時她的母親正在很認真的質問她弟弟，「為什麼差兩分沒考到一百？」「這次錯的不應該，要一分打兩下」，我想起那不甚在意我考幾分、更不會去記考試日期的老媽。然後那弟弟就被棍子很用力的打了四下手掌心，期間因為害怕還縮手了一次：「再躲！再躲就多一下！」

同學領著我，很自在的穿過那對正在執行家法的母子身邊，見怪不怪的說：「那你下次用功一點不就好了。」於是我終於知道她為什麼都可以考第一名了，她和她媽媽一樣，規矩，嚴謹，並以自己的努力為榮。

## 虎媽型的藝術：堅持下去、就能表現卓越！

這個母親是嚴格教養觀的極致。在《虎媽的戰歌》這本書中，華裔、屬虎、有兩個女兒的美國白領媽媽堅持用傳統中國父母的方式對待小孩：一、對子女有很高的期待。二、知道子女可以達到什麼程度（用自己的理解），所以非常重視學業與才藝。她的大女兒表示，小時候母親盯著她練鋼琴時，會說出以下三句話：

「天啊，妳真是愈彈愈爛。」

「我數到三，就要讓我聽到音樂性。」

「下次再沒彈好，我就要把你所有的填充玩具拿去燒掉！」

例如對課業的要求，一定要拿A（A⁻就是壞成績），鋼琴課每日至少練一個半小時，上課當天則加倍。虎媽相信，一開始別理會小孩的喜好，只要堅持下去，當小孩開始精通某件事，得到了讚美和滿足感，就會建立自信、讓他可以自己繼續下去。

每種教養方式都會遇到挑戰，不是寬鬆的方式就一定輕鬆，嚴格的方式亦不代表孩子言聽計從。寬鬆組的父母不輕鬆的地方在於，必需應付四面八方反對聲浪——雖然說我教孩子關卿底事，但會有許多人認為自己有義務提醒別人父母「更好的教養方式」，這樣的父母必須心臟夠強，而且相信這樣做是對的、好的。嚴格組的父母得小小翼翼拿捏尺度，避免小孩或鄰居去打家暴專線，當然也得具備更健壯的心臟迎接不斷被挑戰。

不管哪種方式，我所看到兩者的共通點都是：這樣的父母都希望孩子能有「為自己負責的能力」。不管是用嚴格或寬鬆的方式來提醒，兩種父母都花許多時間在孩子身上，耐心的陪伴，並花更多的時間和孩子說話，胡亂閒聊，另一半也全力配合、共同增加凝聚力，所以這些孩子都能理解父母的愛，然後接納他們的教養方法。

這就是愛，看得見的愛啊，說起來簡單、做起來超不簡單。如果父母自己不用心，就不會有什麼「有效的管教法」了。方法本身反而是技術層次，沒那麼重要了。虎媽到後來也不「虎」了，她妥協了，修正自己原來的態度來配合個性比較剛強、比較想要自己做決定的小女兒，也未影響女兒對母愛的理解。

虎媽的大女兒完全符合虎媽的期待，並認為自己的生命「活110％」，而小女兒則對虎媽的管教不以為然。有趣的是，那個她口中叛逆的女兒在長大了一些後，說出自己以後想要如何教養小孩：「我絕對會是個嚴格的媽媽，我會盡我所能的教小孩要做個好人，而且永遠要全力做到最好。」因為她感受得到母親的關心：「她向來都是最了解我的人。」當年那個為抗議嚴格訓練不惜在地上打滾的不懂事小鬼，長大後居然也說出「要當個嚴格的媽媽」這樣的字句，可以想見她後來真的發現嚴格管教之後的好處，其成果是自己一生享用不盡的。

說得我都有些躍躍欲試了，看來嚴格的方式還真不壞，不過我想我的個性還是不適合，我怕「訓練」孩子不成，自己反倒變成一個歇斯底里、高度的控制狂。

有些教養研究把管教的方式分成四種（或N種）：一、權威型（高要求、高反應）；二、專制型（高要求、低反應）；三、溺愛型（低要求、高反應）；四、忽視型（低要求、低反應）……等等，理論皆是一言以蔽之的說法，無法涵蓋所有的教養模式。我覺得自己並非權威型，也絕非溺愛型，而是「有原則的民主型」，當小孩考個四十幾分時我會忍著不念她，因為我說過不管她的分數，她要為自己的分數負責，但如果今天的碗沒洗就會一直念。

記得我買《虎媽的戰歌》擺在桌上還沒空打開來看時，加寶就湊過來好奇的問：「那本是什麼？」「妳老媽寫書要用的，你有興趣就翻翻看啊，這本書的作者教小孩的方式很特別喔。」我最近正苦於小孩不看文字書、猛玩3C產品的狀況，擔心她以後腦袋空空、缺乏內涵，設法騙她看點書。

她翻了兩下，坐了下來，一邊喝牛奶配吐司夾蛋，一邊還繼續翻著。嗯，這招有成功，離開餐桌時就把書放著，我也不催她，隨她去。到了下午發現她在房間裡很安靜，通常這麼安靜都是在滑手機，我輕輕推開門，發現她正在啃那本書，於是我又悄悄的退下。兩個小時後她「出關」了，笑嘻嘻的對我說：「馬麻，你的名字有在書裡面喔。」「真的？別騙我，我看看……」果真，在第一二五頁的地方有一小行「……才從耶魯音樂學院畢業的小提琴手南琦媛……」哇也看得太仔細了，很令我佩服啊。

誘導加上適時放手的方式，就是我現在的教養方式，這樣到底算嚴格還是寬鬆？我也搞不清楚。

「媽，你跟虎媽有點像耶。」

「喔。是嗎？哪裡像？」我問，不知加寶說的是長相還是教養態度，我認為虎媽長得好美，能像她也是不錯。

「就家庭背景像啊，她跟你一樣，也有兩個女兒。」還有呢？「沒了，就這樣啊。」啥，這樣也能說像？

老大少根筋，很多感覺都說說就算，但她常說：「人家都是『馬殺雞』，只有我們家是『雞殺馬』。」她指的是屬雞的我常常對屬馬的她吼叫：「陳加寶！你起床不用折棉被嗎？碗袋又沒拿出來洗。制服呢？你是想氣死我嗎？」

新手媽媽在網路上抒發心得，最常見的難題莫過於需要抵擋他人的批評。永遠都有人告訴她該怎麼做，這樣做不好，那樣做才好。心臟強一點的媽媽得臉皮厚一點，堅持自己的信念是基於愛孩子而非滿足自己的心，當孩子混出一些「成就」時才有辦法讓其他人閉嘴；心臟弱一點的媽媽很容易就會有挫敗、無用的感受：「我連媽媽都當不好。」殊不知媽媽才是世界上最偉大的工作。

不管哪種風格，重點都在於選定後就不隨意更改，貫徹到底，孩子自然而然會適應父母的節奏。那種自信不足，依賴許多專家意見又缺乏明確態度的父母最是傷腦筋，而這也多半伴隨自己的情緒問題，也是我在臨床中常處理到的情況。

教養這件事從來就不單純，無法三言兩語、一言以蔽之，在教養的過程中會有許多考驗，例如夫妻之間的感情狀態，公婆是否打算參一腳，自己的工作壓力，甚至未解決的兒童期創傷……通通會影響教養過程的心情與品質。

讓我把問題單純化一點，既然我們有限的腦容量無法應付那麼多問題，那就隨時提醒與覺察自己的態度——想一想，連自己小時候都不想要的東西，就別硬加諸在孩子身上。

# 要打還是要罵？

一個小學生在漫畫店看漫畫，突然聽到一個中年婦人跑進大罵：「陳小餅你這個兔崽子還不回家，被我捉到在漫畫店你死定了！」嚇得他漫畫一丟，拔腿就跑，等到跑了50公尺氣喘吁吁後停下來：「我為什麼要跑？我又不是陳小餅！」

該不該對小孩體罰？基本上，我認為體罰不一定是壞的，四歲之前、還沒進幼稚園的，基本上都是野生小動物，無法口頭說理的情況下也只能直接來，做行為上的約束。

有一對從事藝術工作、很有教養、很有氣質的夫妻朋友告訴我，雖然他們平日很溫和的對待家中一男一女，但當他們還小時、不乖仍照打。就拿小孩常見在公共場所耍賴、灑潑、頂嘴的舉動好了，有一次發生在捷運車廂裡，他們二話不說就先下車，把孩子拖到較僻靜的地方先揍一頓，等收服了再上車。

這並不表示我以前沒被打過才這麼說風涼話，相反的我很「記仇」，都會記得父母親何時打過我，什麼原因打過我，對於以前傳統父母說的「老師，我小孩不乖就打」這一套很反感。

若要說我支持體罰又不然，因為四歲之後我就沒打過孩子。我兩個女兒已經長成臉皮薄、自尊心強的孩子，只要我臉一拉，聲調抬高、變大聲，就算不真的揍她，小孩也早就哭得唏哩嘩啦，達到類體罰的效果。

四歲以前我頂多拿個「愛的小手」嚇嚇她們，偶爾抽一下她們的屁股，那種大賣場皆有販賣的前端為手掌型的小棍子。Youtube曾瘋傳一段影片：在大賣場裡，一個三歲小娃看著老爸要買一支愛的小手，直搖手警告他的爸爸：「你不要買啦那很貴很貴～～」（顯示為極強的內在恐懼）。我想起她們小時候愛的小手遺失的事情，有一次她們的阿嬤要用時遍尋不著，向我告狀：「一定是被小孩藏起來了。」我於是去興師問罪：「不要以為把愛心小手藏起來我就不能揍妳們了？難道我不會再去買一支嗎！」說得她們瞠目結舌反應不過來，不過我終究沒去補買，反正買了也用不著。

兒子被爸爸修理了，很不甘心的跑去找媽媽說：「媽媽，有人打你兒子你會怎樣？」

媽媽說：「那我會打他的兒子報仇！」

兒子：「……」

既然我自己小時候被痛扁過，為什麼還會支持體罰（或，不排斥體罰）？以前我會因為父親甩過我巴掌而認為他只疼弟弟，直到我結婚那天才完全不懷疑父親對我的愛，也許我們要過了許多年，才能真正接納父母的不完美及愛我們的方式，我理解那次打我可能是父親正在經歷更年期的情緒不穩，不完全是我的錯，而後來做了更多維護與關心我的事情足以彌補過去，我很慶幸我在父親還活著的時候就已經理解了，不算太晚。

有個媽媽告訴我，以前她的父親會在她考得很糟的時候罵她是「垃圾」，但她並沒有因此傷到自尊心，她了解在父親心中有多重要：平常接送她，喊她小公主，只是對課業上有高標準，認為「依妳的程度可以念到××學校」，她知道這是父親的激將法：表示她還不夠用功。當她也為人父母時，也認為這樣的方法並不差，說不定可以適時的激勵小孩，很可惜小孩的個性跟她不一樣，固執，自有一套想法，不懂得她的苦心，反而叫她別管。

為小孩犧牲，甚至放棄一切，小孩不一定領情，打小孩說是為他好，當下他也一定無法領會。

老師：「阿明，你的成績單有沒有拿給父母看？」

阿明：「有啊……」

老師：「那你爸媽為什麼沒有在成績單上蓋章？」

阿明捲起袖子指著手臂上的藤條印說：「都蓋在手上了！」

不過，你知道你不是因為心情不好才打他，你知道是因為小孩沒達到事先說好的約定才打他，你知道當你打他們的時候心裡也很不好受，也許這樣的管教可以讓雙方都接受。

罵也一樣。

若看到小孩行為不當卻不給予糾正，不管是激烈或溫和的方式都不做，無法達到教育的目的。

有個老同學事後告訴我某次我缺席的同學會情況，有幾個三到四歲左右同齡的孩子玩在一起，有個孩子搶了另一個孩子的手中玩具，而她的母親不僅不予阻止，還在一旁開懷大笑，而且對於接下來孩子的破壞行為，例如打了某某孩子也僅是淡然處之，彷彿這「只是」孩子間無傷的淘氣而已，但這只會讓人覺得孩子缺乏教養，對孩子母親的印象大打折扣：過了那麼多年，當年我行我素、個性散漫的同學當了媽媽之後，也成為一個漫不經心的家長。

相對的，我的另一個同學管教態度就相當有趣，有一天她拎著一個兩歲小兒來，我跟小鬼打了招呼後把手上的模型小車車遞給他，他正忙不迭地打算拆開包裝盒時被老媽一把抽走：「小安，我記得我告訴過你，拿人家的禮物應該說什麼？」老媽要教小孩了，我安靜的退到一旁。

「要先說謝謝。」小孩倒很知趣。「那就對了，你剛剛沒有說，所以現在你不能玩，等回家才能玩。大人賺錢不容易，所以別的叔叔阿姨送你東西不是理所當然的（這字眼兩歲娃聽得懂嗎），他也可以買他自己喜歡的東西啊，所以你是不是一定要有禮貌？……」balabala 其實又說了幾分鐘，小孩倒乖巧，似懂非懂的聽著。

事後我笑著說，「你跟小孩講話簡直用大人口吻，他是聽得懂喔？」我同學回答：「我都是這樣跟他說話的，當然他不是全懂，但效果還不錯。」的確，這小鬼雖然是男生，卻看起來早熟，懂事聽話，全賴老媽耐著性子跟他慢慢磨功夫，鐵杵也磨成繡花針了。

# 說得比唱得好聽?長篇大論惹人嫌

媽媽：你的房間跟豬窩一樣亂，還不去打掃？

兒子：你有看過豬在打掃嗎？還不是養豬的在打掃？

教養方式難道除了打跟罵，就沒有第三種嗎？

當然有，就像上述媽媽對拿玩具車的兩歲小娃所做的，說服。這比較消耗腦細胞，卻能拉近與小孩的距離，讓彼此更能理解，達到「雖不同意但勉強接受」的程度，但如果小孩還太小，這個說理還是比較接近嘮叨，要如何讓自己的說理更有說服力，恐怕還得想辦法，找機會費盡唇舌。

光是指責，很容易暴露自己的缺點，先前曾提到，如果父母自己也怠惰則不具多少說服力，站在比孩子高的地方孩子當然不服氣，說理的好處是較有機會讓孩子心服口服。以我來說，得「乳癌」這件事的「好處」是，讓孩子知道健康的重要，同時理解老媽的辛苦：「妳們應該不會想讓老媽下班很累了，還要幫妳們摺衣服吧。」我不願當個默默犧牲奉獻不被感激的老媽，而希望能與孩子一起分擔生活的苦與樂。

從加寶念小學開始，就纏著我想養寵物，尤其看見牽著剛美容完的紅毛貴賓、電視寵物節目中剛出生毛茸茸可愛的小東西、誰家用臉書上傳狗狗圓滾滾水汪汪大眼睛的照片……這些都讓我好幾天不得清靜。

當她還小時會以她太小不會照顧為由拒絕，但等年紀愈大愈想養寵物的動機愈強。好不容易告訴她，家裡目前不太適合養狗，沒有讓狗狗充份活動的空間，這樣對狗的健康不好等，但過沒多久，加寶又開始問：「那我可以養貓嗎？」

「馬麻我到底可不可以養寵物啦？人家○○和××都可以養，為什麼我不可以？」○○家養了小白兔，××家養了一隻漂亮的貓叫金吉拉，每次都只能看她們炫耀自己的寵物有多可愛、多好玩，自己只能回家抱絨毛狗狗，一點都不好玩。

我覺得加寶還沒有準備好當寵物的主人，光覺得可愛就想養是不夠的。有一天廷寶上完大號，還不太會自己處理的她照例會喊：「媽媽我好了，幫我擦屁股。」我靈機一動便叫道：「加寶，幫媽媽一個忙，去幫妹妹擦屁股。」加寶大聲抗議：「為什麼是我？我才不要幫妹妹擦大便。」我說：「你連你妹的屁股都不敢擦，那你要怎麼清理狗狗的大小便？養寵物都會有大小便啊，連自己妹妹的大便都不敢擦，還想養狗？」

加寶雖然不甘願，但媽媽講得太有道理也只能照做（但也只做了幾次）。有時候看到路邊的流浪貓狗時，我便趁機會告訴她如何當個好主人：「加寶，你看，路上有很多沒有主人的貓狗，看起來又瘦又生病的樣子，有些也可能是別人養過的寵物喔。」

「怎麼可能？這隻狗看起來這麼髒？」加寶看著一隻躺在路邊病懨懨的大狗。

「其實牠是一隻黃金獵犬，可能因為愈長愈大，主人養不下去，所以棄養了。」

「太過份了他們怎麼可以這樣？」加寶氣嘟嘟的說。

「所以囉，養動物就要照顧牠一輩子，牠生病就要帶牠去看醫生，即使牠變老也要照顧牠，因為牠就是我們的家人。」

有一天和她一起看電視時看到一則新聞，某個女性在租屋處養了六隻貓，出國時並未請人代為照顧而是任由這些貓餓死，不久後她又養了兩隻貓，結果被鄰居舉報，送警察局處理，而動物保護團體則建議法律應該要約束她日後不得再養寵物。加寶是看得氣呼呼的，一直說：「氣死我了，好差勁的主人，應該要把她抓去關！」

我聽了又好氣又好笑：「別那麼激動嘛！你知道不能當那樣的主人，那就要當個好主人啊。」「哼，我一定會是個好主人，我一定會親自弄東西給牠吃，幫牠洗澡，我也會幫牠清便便的。」加寶很認真的看了我一眼、深怕我不信。

即使這樣，我深知這階段養寵物有99%到後來是交由父母把屎把尿，不一定是小孩不照顧，而是爸媽看不下去接手了。基於加寶曾經把蝌蚪養到連變青蛙的機會都沒有，所以我得確定小孩真的可以照顧一個小生命，才會認真的考慮，當然我還有一個堅不可摧的好理由：「老媽現在不適合太累，癌細胞會增加。」這理由一搬出來，連她老爸都不敢反對了。

到了現在，加寶仍舊會找機會測試我的底限：「馬麻，如果有一天要養狗的話，我是說，『如果』啦，只是『如果』喔，那你會想養什麼狗？」我的答案永遠是：「你妹，我已經養了你妹了，你妹屬狗。」

女兒：這個家誰比較重要啊？

媽媽：在我們家妳排第一，我排第二，你老爸排第三。

老爸低頭不語。

媽媽接著對爸爸說：還好我們沒養狗，否則你就排第四了。

爸爸：這就是我一直不養狗的原因。

說理這件事很累人，要視小孩的程度隨時調整，應付孩子的許多「為什麼」，還要視情境不斷給予機會教育，但跟所有的教養方式一樣，付出的心力難以偷懶，結果也能換來孩子的尊重與理解。

# 什麼時候該堅守立場，什麼時候該彈性調整？

小孩問媽媽：「養小孩要花多少錢啊？」

媽媽笑說：「我還沒算出來，因為到現在我還在買單呢。」

小孩是投機的動物，只注意對自己有利的部份，大人的作用則是隨時協助他踩煞車，並給他稍有難度的任務，協助他完成並產生自信，在生活上也協助孩子往獨立自主的路上。

加寶是個開朗、隨性，有時散漫的孩子，高年級的時候有一天告訴我，「我同學 Karen 說她媽媽都有給她零用錢，那個○○和 ×× 也都有自己的零用錢耶。」我想想，這想法很合理，可以開始學習自己儲蓄，如何運用金錢。於是我很乾脆的說：「好啊。」

加寶很訝異她那有原則的娘居然會答應：「媽，我以為你會說『不』呢。」（此為第一次測試父母的能耐）

「為什麼我要說不呢，反正你說會存起來。那你想要多少零用錢？」

「十塊好了，每天十塊。」

「好，就十塊，但是只算星期一到五，星期六、日你沒去上學，都吃家裡用家裡的不算零用錢，還有你如果除了文具、衣服鞋子等日用品以外，自己有想要買的東西都要從零用錢裡面扣。」

「好！」答應得也很乾脆。

後來便開始實施零用錢運動，有時我忙忘了，她會提醒我：「馬麻，你上禮拜有兩天沒給我零用錢了。」記性好得很。這個時候我就會虧她：「五分鐘前要你倒垃圾你都會忘記，一個禮拜以前的事情倒是記得很清楚。」以提醒她該盡的義務。

有一次外出附近閒晃，要從書店走出來的時候加寶手上抓了兩本漫畫：「馬麻我想買這個。」我瞄了一眼：是最近她迷上的網路動漫的漫畫版，於是我說：「好，從零用錢裡扣。」她當然是先答應再說。

等回到家後加寶腦袋有些清醒了，計算著兩本漫畫花費：120 x 2 = 240，這樣至少有一個月會沒有零用錢，於是開始跟我抱怨：「用零用錢扣太多了，人家 Karen 她買漫畫，媽媽還是會給她零用錢，不會把買的東西算進來。」（此為第二次測試父母的能耐）

我想想，好像扣得太多，於是我讓一步：「嗯，漫畫也是書啦，不然就扣一半，就兩個星期零用錢好了，別再討價還價。」加寶便答應得心不甘、情不願，繼續咕噥著：「人家媽媽為什麼就可以……。」「不然你去當 Karen 家的小孩好了，我們家就是不行。」對於開始就制訂好的規則一再受到挑戰，我必須堅守崗位，態度堅若磐石。

父母的期待與立場到底要細緻到什麼程度，端看你想要的態度與效果。懶散如我的父母，只期待孩子把自己照顧好，不要吸毒與作奸犯科，不要當個啃老族就十分阿彌陀佛，偶爾也會發夢說：「加寶，以後來我工作的醫院當醫生好不好？」小孩心情好的時候就說好，心情不好的時候就露出「你少來了」的神情，我望著打了很多叉叉的數學考卷，心想還是卡早睏、卡有眠。有些期待的確會造成孩子的壓力，例如先前曾提到的，對孩子抱有醫師夢或律師夢的父母，這樣的期待需考慮背後會付出的代價，孩子不一定有對等的聰明才智，就算有，也必須是願意接受父母安排而不會半路落跑。

曾在門診和一個聰明的女孩子晤談，她配合了母親的期待，和家族中好幾個兄長一樣當了醫生，但她十分不快樂，做了幾年醫生後跟父母說想出國進修，父母沒有二話，但她的如意算盤其實是出國念藝術學校，並打算再也不回來執業。她不願和父母講明，只想默默追尋自己的夢。

有的父母對孩子期待的是「非念公立學校不可」，與上述相比雖然較不誇張但目標也有些高，背後原因是父母供不起私校的學費，這是基於對家庭現實與責任感的要求，也有助於孩子長大，所以這樣的期待很少有小孩做不到的。

大人的立場也需要不斷的自我審視，任何一種堅持的態度也並非不能被改變，也不是自己說了算，家庭動力是奇妙的多人舞，家長也許是帶領者，但需要大家的合作才能決定節奏的快慢，至於家人之間有什麼觀念是需要互相理解的，我將會在以下「觀念篇」裡再做討論。

# PART 3

# 【相處篇】

爸爸與媽媽討論去吃哪裡的美食。爸爸問：「要不要帶女兒一起去？」

媽媽很肯定的說：「不帶！」

爸爸：「我們自己去享受不帶她，這樣不好吧。」

媽媽：「以後她和她老公去吃好料，會想要帶你去嗎？」

這裡將提到與父母以外、其他家人的相處特色，在這些特色下所適合具備的態度，對許多人來說，家已經沒有典型的樣貌，過去的三代同堂現在不僅漸漸成為少數，未來「父、母、子、女」的家庭結構也不一定是主流。

更多的是子女不在身邊的年邁父母家庭，單身離家奮鬥的一人家庭，一人家庭養了幾隻毛小孩的家庭，或者沒有父母，但有其他家人的家庭，和「不是家人」的人共同組成的家庭……。所以既有的、針對傳統家庭設計的「倫常觀」已不適用，那到底在相處上有什麼不同？是否要能理解這樣的不同才能有良好的互動？

# 手足情，深不深？

「聽說你們家人都有專長？」

「是啊，我爸拉二胡，我媽彈鋼琴，我妹唱歌。」

「那你的專長是什麼？」

「忍耐。」

大部份人不是成長於一個有手足的家庭、就是經營了一個有手足的家庭，或兩者都有，那麼與兄弟姊妹的相處品質，其重要性絕不亞於父母。

尤其當父母功能不彰時，手足甚至可以彌補家庭的不足，成為生命中的重要支柱。二〇一四年亞運自行車金牌選手蕭美玉的成長背景是與弟弟一路相扶持，父親早逝，幾年後母親也改嫁離家，她的童年常常是與弟弟同吃一個便當中度過：「我上國中後，有一天她（媽媽）就不見了，我弟才國小一年級，有時候沒錢，只能買一個便當，我拿給弟弟吃，但他不肯，我們就兩個人吃一個便當。」

國中時蕭美玉為了改善生活加入車隊，想以比賽成績換得獎金，後來亦把弟弟拉入車隊共同訓練，弟弟蕭世鑫在高三那年也和姊姊當年一樣，因優異的表現獲「總統教育獎。」

姐弟倆的感情好得沒話說，教練徐瑞德就提到，蕭美玉平日沒甚麼娛樂，唯一的嗜好就是「罵弟弟。」弟弟蕭世鑫也說：「我們平常都互罵、互嗆，可是她逛街都會幫我買各種衣服，我的幾支手機也都是她送的。」即使後來蕭美玉結婚，也要和弟弟住在一起。

網路上曾經瘋傳一組照片，那是一對羅馬尼亞的兄弟想要送給父母不一樣的禮物，他們找出小時候的合照，模仿當時的服裝、姿勢、表情，重拍成現代的版本。可以想見他們穿著類似款式的衣服，含著奶嘴，甚至擠進快要爆開的紙箱，擺出一模一樣的笑容，雖然畫面違和搞笑但溫馨的程度破表。

我和許多人一樣，都對於這樣十分有心的手足情深感到難能可貴。當父母有一天不在人世，我們就是父母僅存的愛的印記。

父母對著整天泡網路的哥哥說：「老愛玩打打殺殺的game，到時也要殺人了！」

妹妹說：「別擔心，哥哥也玩聯誼的game啊，也沒看到他交到半個女友。」

父母感情好固然可以促進手足感情，但如果父母感情不佳，有些手足之間的情感與默契卻不受父母感情品質的影響——即便父母早已反目。有個身為姐姐的個案告訴我，父母分開後她和母親住，雖然房子是租的，收入也不多，至少和母親相處融洽緊密，父親雖然有妹妹的撫養權但整日酗酒，工作也不穩定，很擔心妹妹連飯都沒得吃，更擔心她的安危，「想把妹妹救出來」的心一天比一天強烈。

手足之情令人動容，先天的默契有時候很難解釋，那種微妙的血緣關係甚至超越了父母的影響，有時候甚至是另一個自己，尤其在雙胞胎身上更為明顯。我已經聽過不只一次雙胞胎默契的奇妙之處了，同一時間受傷在同一部位或感冒，這種神奇的感應已經是小 case，更甚者有出生後在不同家庭長大，卻喜歡同一顏色的衣服、對同樣的食物過敏、剪成一樣的頭髮……等等的雙胞胎，這類新聞報導時有所聞。

手足是距離最近的家人，父母有代溝，手足沒有；父母是拿著棍子的

「共同敵人」，手足都是「受害人」，若有必要砲口可以一致對外。

我有兩個有著強烈對比個性到懷疑是否出自同一肚皮的女兒：加寶是個性很直的傻大姐，廷寶則是心思比髮細，兩人相處既緊密也衝突，我則常常需要跳出來維護世界和平。

當她們還小時，有一天吃早餐的時候，妹妹正在對著姐姐絮絮叨叨昨日幼稚園的生活瑣事，在提到「有個男生他推我」時，看似沒仔細在聽的姐姐突然像被電到一樣，發出連珠砲的猛烈攻擊：「誰？誰推你？為什麼要推你？你有沒有跟老師講？他叫什麼名字告訴我、我去揍他……」

廷寶看著氣呼呼的姐姐一時無法招架，支吾的說，「就……就我們都要去找老師改作業啊，大家都在那裡，他就擠我，我動不了啊，他就推我……」聽起來只是小推擠並不是大麻煩。

於是我說：「你不要動不動就想打人，我讓你學跆拳是要打人用的嗎？」加寶不服氣：「啊你不是說要我保護妹妹嗎？」

看著加寶比同齡男生至少高出一個頭，她與男生打鬧時的樣子很像老鷹抓小雞，因為對方會跑輸她，然後她會追上對方，把對方的衣領提起來像抓小雞一樣。我很確定她只要站出去就一定架式十足，不必出手。

「我拜託你先搞清楚再說好不好，你這樣叫作以大欺小，這樣就不對。」

「那他推人也不對啊，他怎麼可以亂推人。」廷寶一時興起的心情抒發，引發了老媽與老姐的正義之爭，沒完沒了。

「哼，我要打扁他……」她仍不放棄繼續嘟囔著。

小時候我希望自己是獨生女，不必看著弟弟或姐姐受寵，再大一點，又很羨慕別人家有哥哥，看著別人家的哥哥都會請妹妹吃飯、或是給零用錢，心裡好羨慕，感覺跟哥哥念同一所學校好有安全感、都不會被欺負。等到自己在念研究所時，早踏入社會工作的弟弟某天給了他窮哈哈的老姐一千塊，說是零用錢，於是我心裡想，「嗯，這還不錯。」

## 愛告狀的弟弟——殘缺的家庭

弟弟吹熄了他的生日蠟燭後，姐姐問：「你許了什麼願？」

弟弟說：「我晚餐想吃漢堡。」

姐姐笑說：「你應該許一個大一點的願。」

弟弟：「好吧，那我要一個特大號的漢堡。」

手足間的情感真的來自於天生的嗎？我不知道，先天跟後天的論戰永遠都有各自的支持者，但，這世界上沒有百分之百的事情，手足之情的相反自然也有手足之惡，先不論手足的反目是否與萬惡之源——錢有關，讓我先說一個門診小故事。

與這個國中小女生的家人連絡時有點曲折，原本我是照著轉介單上母親所留的手機號碼打過去，沒想到接電話的人堅稱是她的「阿姨」，並告訴我那天她沒空，會讓小女生的阿嬤帶來門診。

轉介單上註明的行為問題有偷竊，說謊，情緒不穩。小女生態度看起來還算自在，不排斥來精神科，我照例跟小女生打打屁培養一下感情之後，順便確認一下連絡電話，她告訴我，那個手機號碼是她媽媽的沒錯。嗯，這真的有點詭異，我的職業直覺啟動了晤談機制，開始收集她的家庭資料以釐清我的疑慮。她的父母離婚多年，原來都是與爸爸住，從這學期開始跟著媽媽與新爸爸，還有他們生的弟弟住。

她的行為問題是與母親住之後開始的，但我不想太早直接切入她的行為問題，想多多了解她的生活狀況，於是我問跟新爸爸、新弟弟一起生活習慣嗎？

「不習慣。」她很快的接腔。沒有跟母親和新家人相處過，母親也是在不甘不願的情況下接手：「我不知道要跟他們講什麼，媽媽很嚴，會要求我做家事，可是每次當我整理好桌子的時候弟弟就會去弄亂，然後跟我媽告狀，我媽看到桌子很亂的話我就死定了。」說著說著神色黯然。

我想起她的「阿姨」在電話中跟我抱怨：「小孩的爸爸都不會帶小孩，一點生活規矩都沒有！」又是典型的夫妻互責：對方很爛，自己最委屈最沒半點責任。想必老娘的管教方式一定是不同於爸爸的嚴格，不想反抗才怪，又基於沒有關愛的基礎，想讓女兒遵守自己的規矩簡直是天方夜譚。

所以她的說謊可能說明了幾件事：第一，她的實話沒人相信；第二，她的謊話可以保護她自己不再被傷害；第三，有沒有說謊有差嗎？反正沒人會在乎她。重點是連媽媽自己都說謊，如何要求孩子誠實？

我趁她在填寫情緒量表時私下與她的阿嬤談：「為什麼小朋友的媽媽在電話裡要自稱『阿姨』？」阿嬤露出為難的表情說：「我女兒就是這樣，說什麼在外人面前要叫她阿姨，只有回家才能叫媽媽……唉，這個孩子也是可憐喔。」

## 父母的態度，足以影響手足之情

父母並沒有教我們要兄友弟恭，那我們要如何對手足友善？父母影響我們的絕不只是愛與安全感，甚至可以決定手足之間的態度。讓我再回到手足反目的主因常常是金錢這個話題，這個心得多半是來自於在醫院中執行禁治產業務的經驗。禁治產鑑定主要是由醫療團隊來判定一個人是否具處分財產的心智能力，所以我見過許多老人家插管、子女在旁爭產的活生生畫面，當子女抱怨父母偏心，只把財產房子給兒子不給女兒，或者只給老大不給老二時，我們實在很難期待這樣的手足可以相處融洽。不過我並不因此悲觀。

當我們還小，沒有分辨能力時，也許遇上不懂得帶領我們的父母，還好我們會長大，會經歷許多事情開始認識家人的重要，有拖垮其他家人的家人，自然也會有照顧家人的家人，物換星移之後很多事情都會不一樣。

我周遭親友的手足相處是社會縮影，有的是成年之後不再跟彼此說話，比路人更不如：有的是住得只隔一條街，卻都沒邀過對方來家裡坐坐，只有逢年過節應酬式的互動；當然也有默默替過得不好的姐妹的小孩付學費；一聽說姐姐罹患癌症、弟弟二話不說從美國飛回來定居的動人畫面。

我和相差一歲的姐姐曾因一個小衝突（衝突的內容早就想不起來），

長達半年互相嘔氣沒有講話，當時我們姐妹倆還同睡一張床，在這種情況下還能不說半句話的，實在很厲害。

後來為什麼又開始講話的，原因也忘了，大概是嘔氣也嘔得差不多了，而且刻意不講話也很不自然，而且畢竟「是一家人」（這說法很老套），換做是老公的話大概已經分居或離婚了，但兄弟姊妹就是不一樣：那是你一起長大的家人，你無法悖離他們，他們也無法捨棄你。

也許大夥各自嫁娶，不婚，過各自的日子，但當孩子長大離家，另一半離去，只要手足還在，彷彿時光又繞了一大圈回到原點，大家都老了，像個老孩子。我見過許多吵吵鬧鬧半世紀的手足家庭，該拿到家產的拿到了，也花完敗光了，而沒拿到家產的靠自己努力也發達了，氣消了，然後老了、病了就相約一起看醫生，做復健，前嫌盡釋，在所剩不多的時間中達到世界和平。

# 姐姐做得到，你怎麼做不到？

姐姐和妹妹一起學游泳，兩個人學的是蝶式。

過了幾個月爸爸來驗收他們的學習成果，看到妹妹在泳池裡身手矯健，便讚道：「妳游得好棒，像一隻美麗的花蝴蝶。」

姐姐不甘示弱的問：「那我呢？」

「妳也游得像隻蝴蝶，不過是蝴蝶標本。」

手足之間的競爭心態常常是父母點燃的：「哥哥功課那麼好，為什麼你那麼爛？」「姐姐長得那麼漂亮，為什麼你那麼醜？」（這話真是無從辯駁：再醜不都是你們生的！）「為什麼××這麼瘦，你卻這麼胖？」

（父母在外型上就已經如此挑剔，那麼內在的個性、成就，更受到自己的好惡偏見主導）

這些父母誤以為是激將法的說詞，其實最傷人自尊，大人不知道這些話的殺傷力有多大。在看過或經歷過更多手足相殘的故事之後，為人父母者是否更該有警覺心，避免從自己開始造成的分裂？為人手足者，當你長大後是否能從手足戰爭中解脫，端賴能不能認清以下兩個事實：

## 手足不是替代父母，而是兩個獨立的個體

在前面章節曾提到，對家人抱持太多的「應該」，只會讓自己不快樂。尤其自認為自己的付出「應該」要被看見，對方「應該」要有所回報。很多人以為情感上的回報比金錢上的容易：「我只要他多關心我一點，難道很過份嗎？」「我不要他還我錢，但至少他要對我說聲謝

謝！」……等等。

但，情感上的回饋永遠是最難的，難度在於其抽象與難捉摸。舉個簡單例子，子女想要把年邁或體衰多病的家人照顧好，如果經濟可負擔的話找個完善的安養機構不就結了？錢能解決的是全是小事，但難度之高常常不是因為錢，而是其中糾結的的情感。

我有一個五十歲的男性個案，年輕時在哥哥的工廠工作，並與哥哥同住多年，在年邁的父親過世之後自己得了憂鬱症，哥哥結婚生子卻不願和他同住，於是他只好自己租屋，沒多久因不斷襲來的空虛感受讓他開始反覆住院。他不斷向我抱怨：「大哥本來就有照顧弟弟的義務啊。」「我只是要兄弟多關心我。這樣的我，難道錯了嗎？」甚至說出「只要和大哥住一起，我的病就會好了。」

情感上的依賴讓他無法放手，去做一個真正獨立的人，他的症狀就在反覆抱怨中持續著。有時候我提醒他：「既然這麼希望兄弟來看你，有沒有去跟他們說？」他的手足不少，有一個哥哥，兩個弟弟和一個妹妹。

「沒有。不用啦，他們自己平常工作就那麼忙，怎麼能麻煩他們呢。」我心裡想，又來了，又是這種該死的曖昧溝通，心裡期待的永遠不能勇敢的表達出來，然後再用這種方式來自虐。

「你不是一直希望跟家人住一起？後來知道不可能，就說希望他們多來看看你，關心你，然後你的病就會好，你不是這樣跟我說的嗎？」我開始不耐煩了：「你不講他們怎麼可能會知道？而且對他們來說麻不麻煩，也是由他們來決定，你不是說妹妹就住附近嗎？住附近走路來就能探個病，會麻煩嗎？」他沒完沒了的抱怨已經持續很多年了，看起來會繼續鑽牛角尖。

這個案對手足的期待亦包含了很多「應該」，例如手足就該互相照顧

（可能還包括借錢，當保人），大的有義務照顧小的，手足有共同撫養雙親的義務……如意算盤打得雖精，對方可不見得買帳，這病人太執著「家人該盡的義務責任」，將自己的病歸咎於家人，這個包袱太沉重，沒有一個兄弟姊妹揹得起。

## 手足是夥伴，不是競爭對手

不管父母是如何塑造手足都應該要「有出息」的假象，我們心裡很清楚，自己永遠不可能跟手足一模一樣，有能量的孩子會試著走出一條截然不同的路，能量不夠強的孩子，只能活在優秀孩子的陰影下，不斷試著趕上卻永遠比不上。

門診中見過好幾個這樣的例子，兄姊念台大，是高材生，自己卻只是私校生，甚至畢不了業。有人的妹妹考取公職，哥哥想創業的心、想搞樂團，或是想創作，在父母眼中就變成「不務正業。」唯一的解脫就是拋開，靠自己的力量活出自己，讓時間證明這是值得的。

我自己少時不用功，長大後突然對心理學有興趣，於是幾年間念了兩間心理學研究所。在傳統士大夫觀念下，父親難免會認為老姊「學歷不高」（七十六歲的父親自己也有大學學歷），我擔心老姊被老爸拿來跟我比較之下心生怨恨，可能會趁我不注意在飯碗裡吐口水，牙刷偷拿去刷馬桶，於是有一天我問：「我的學歷對你是不是壓力啊？」

「妳會念書，很好啊，嫉妒？我才不會咧。我不會念書，念書這件事交給妳就好了，我就來念我的日文，看我的韓劇就好了。」

當我正在念研究所時，姐姐想赴日讀書遭到父母反對，最大的反對理由是她快三十歲了，應該努力的是把自己嫁掉而不是去國外念書，要放棄已經很穩定的工作，又不是去拿學位念回來又如何？保證找得到更好的工作嗎？CP值多低啊。想當然爾，天生反骨的我怎麼會贊同父母的論點？我極力贊成姊姊出國圓夢，後來她很快樂地出去念了幾年書，會了我們都不會的事情，變得更有自信，關於這點我自覺應該要居功一下。

後來我想與交往多年的男友分手，母親不高興也不同意，我們差點鬧出家庭革命，這時老姊就試著和母親說，她想分手就分手啊，都這麼大了自己會想了，你就別管這麼多了。

許多觀念上的差異，父母不會懂，但兄弟姊妹會，他（她）希望你很好，你的特別或成就他都能體會與欣賞，而不會說「學這個要幹嘛，能賺幾個錢？」「你應該找個職位高一點的男朋友。」

前一章曾提到我有一位奉父母之命當女醫師、後來想去國外念藝術圓夢的個案，始終不願意讓父母知道她的計畫，但她的兩個哥哥都知道，也很有默契的為她隱瞞，並偷偷贊助學費，在她拒絕母親安排的相親並與母親大吵一架後，哥哥也像英雄般的為她擋下接下來的幾場相親。

我也遇過好幾個同志個案，有的選擇讓父母知道，有的則否，但不管如何，家裡的手足總是早就知道，有時不需要明講，細膩的觀察就已足夠，姊妹總是相挺到底，而兄弟雖然反應較淡（男人總不習慣說心事），但總是聳聳肩，露出無所謂的表情，彷彿在說，「兄弟，我懂，沒關係的。」

# 左手與右手——如何處理偏心的議題？

六歲的強強活潑好動，上課時不僅很難好好坐著上課，還喜歡捉弄其他同學。

有一天強強回家跟媽媽說：「今天老師問我，家裡有沒有其他的兄弟姊妹。」

媽媽：「老師真好，好關心你，那你怎麼回答？」

強強：「我說，我沒有兄弟姊妹。」

媽媽：「然後呢，老師說什麼？」

強強：「然後老師說：『那真是感謝主！』」

沒有手足就不用處理偏心的議題，卻使得同儕相處格外重要，因為沒有兄弟姊妹可供練習，磨練自己的應對進退。有手足的好處是讓自己學會謙讓與分享，而父母負有引導的責任。

雖然父母可以理解每個孩子是不同的，但真正帶領他們時還是感受到一些震撼。我家老二進了幼稚園後讓同一個老師教，老師倒是很快就能把她當作是「另一個學生」而不是「某某的妹妹」，而我總看到姊姊所留下的殘餘印象：姊姊比較會這樣，妹妹就不會這樣……之類的，當妹妹表現出某些挫折行為時，我很容易就聯想到「為什麼姐姐不會你就會」，比較心態就跑出來作祟。

即使做了好幾年早療業務也是個心理學者，自己面對家人時居然也客觀不起來，有時候我還得讓老師提醒：「她跟姐姐不一樣，雖然很敏感也比姊姊容易哭，但是是個貼心的好孩子喔。」

有一個以上小孩的父母，最怕處理關於偏心的問題，我很慶幸自己生了兩個同性別的孩子，可將這個問題的難度降低，排除重男輕女或重女輕男的可能。

問題是我只有一個懷抱，胸部也只有一只（雖然不大），當兩個小孩都擠過來要抱抱時就很傷腦筋了。當她們還很小時我得常常面臨這樣的問題。

「姐姐你走開。」廷寶覺得給媽媽抱抱是她的特權。

「為什麼？為什麼你都抱妹妹，明明是我先來的。」

我很無奈：「你就先讓妹妹嘛。」

「為什麼我一定要讓妹妹？」說得也是，是誰規定姐姐一定要讓妹妹的？

「拜託嘛。」我小聲的對加寶擠眉弄眼：「沒先哄她的話，等會兒就天下大亂！」加寶大致明白我的暗示，然後不甘不願的走開。

有一天加寶問，「媽媽你比較愛我還是愛妹妹？」大哉問，這比論文口試還難的問題，基於職業直覺這必定反應了老大哀怨的心情，我得好好想想該怎麼回答。

「你看，我們都有兩隻手，對不對？」我決定用比喻的方式來說。

「那麼，我可以少一隻手嗎？」加寶搖頭：「當然不行。」

「所以囉，你們就像我的左手與右手一樣，我一隻都不能少，都很重要，知道嗎？」

「嗯。」加寶懂了，我好佩服自己比喻的能力。

「那我是左手還是右手？」加寶不放棄的繼續追問。

我反問她：「那你想當左手還是右手？」「……」她一時想不出來。「不然你當右手好了，右手可以做很多事，寫漂亮的字，畫漂亮的畫啊。」還有可以擦屁股，不過這可不能說，說了她就不想當右手了。

「好啊好啊，我是右手。」加寶很高興。

一直在旁邊聽的似懂非懂的廷寶說：「我也要當右手，為什麼我不是右手？」哇咧，這只是一個比喻，小鬼卻很認真的計較起來。

「你當左手更好哇，左手才可以帶漂亮的手錶和手環啊。」想想她老娘滿抽屜的手錶、戒指等小物，這是左手才有的專利喔，廷寶這才心滿意足的微笑起來。

至於如何處理同樣也棘手的課業、能力問題，考驗著家長的智慧。小孩聰明才智不同，可是世俗的標準大致相同，父母要如何能不偏心呢。

《你的孩子不是你的孩子：被考試綁架的家庭故事——一位家教老師的見證》作者吳曉樂是一位家教老師，她與我的工作相同的地方是能夠進入一個家庭，看到家庭內微妙的家庭動力，不一樣的是我看到許多浮上檯面的症狀，她則看到更多父母的成就期待。

在一場座談中她談到自己的經驗：「我小時候完全不知道弟弟跟我的成績差距這麼大，而我媽不希望讓弟弟在小時候就承受這些因為成績不好而來的社會壓力，所以我們在家完全不會提到成績。」當她考上中女中、台大，家裡的對話不會出現這幾個字眼，如果有人問起，她的母親就會說，「我女兒在台北讀書。」完全避開名校的光環。

哪個母親見孩子念台大而不想炫耀的？這樣的母親需要為兒女擋下多少社會壓力？要如何能讓自己沒有名校的虛榮心，以平常心待之？這母親偉大的地方在於並非用學校好壞來界定孩子的成就，而是能夠尊重孩子的不同，尤其更能同理到另一個孩子的感受。

但作者所服務的家庭就光怪陸離得多了，有「一個每日給兒子準備雞精、維他命，在收到兒子成績單的當下，卻也毫不猶豫地甩出一記耳光」的母親，也有那種「老師，我兒子如果不乖，或者題目寫錯，妳就用力給他打下去，孩子有錯，就是要教育，我不是那種小孩子被打就反應過度的父母」威權腦袋的母親，這些被考試綁架的家庭故事背後，都能見到父母逃不過世俗期待，不能免俗的跟著潮流載浮載沉。

看過許多家庭的樣貌後，我得不斷的提醒自己，孩子們未來的世界是現在的我無法想像的，所以我盡我所能的愛她們，按照認為適合的方式隨時修正。我會用同樣的標準對待她們倆姐妹，但態度上有所不同。姐姐神經大條，需給予較多行為規範與提醒，妹妹則用較多柔性勸導；當兩個人考得不理想時，要對姐姐說：「你自己看著辦，成績是你的不是我的。」對妹妹，則什麼都不用說，因為她已經開始一邊啜泣一邊說：「我考得好爛、考得好爛……」

# 長輩也許是好意，只是不順你的意

阿宅想不出要送女友什麼生日禮物，於是去問他的老阿嬤。

「阿嬤，如果明天是妳十六歲生日，那你會想要什麼？」

阿嬤開心的回答：「如果明天是十六歲，那我什麼都不想要了！」

家人相處除了手足之外，另外一種常見的成員：長輩，父母雙方的父母親，和手足比起來其重要性不遑多讓，甚至有時會成為決定性的影響，因為父母有時候還得聽他們的。

長輩不見得會同住，但有時發揮的影響力是無形的。有一個年輕媽媽告訴我，每兩週回南部婆家過週末、週末就是她的惡夢，不巧的是她是長媳，在台北忙著照顧幼兒不太煮飯的她，回去之後婆婆總是會用傳統長媳的標準要求她，讓她喘不過氣，即使這樣不算高的互動頻率也足以讓她神經衰弱。也有多年不孕的朋友，一搬離與婆婆同住的模式改為回娘家住，沒多久就懷孕的情況，顯示與婆婆同住無法言喻的壓力。

朋友剛成為新手媽媽，對於只住在對門的婆婆的介入頗為感冒。婆媳問題說起來總是一籮筐，只要是已婚女性誰都可以搬出一大套，有趣的是他們的男人總是在狀況外，認為事情沒有那麼嚴重，都是女人多心。

我們雖然很多年沒見，但見了面閒聊近況之後，不知哪個話題觸動了朋友的神經，開始忙不迭地訴說近期的恩怨。「我婆婆有我家的鑰匙隨時都可以開門進來，這也無所謂，但你進來總要通知一聲吧，週六一大早就靜悄悄的開門進來，然後就進我們房間，把睡在我們中間的小寶寶直接抱走，抱走耶！」強調的語氣。

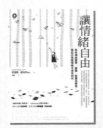

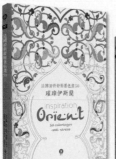

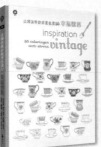

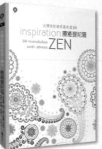

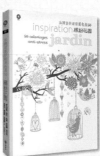

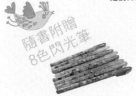

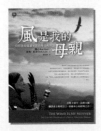

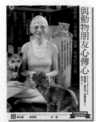

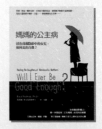

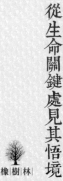

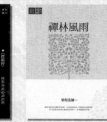

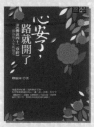

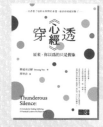

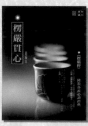

「她的意思是，假日要讓我們夫妻補眠，睡久一點，不要被小孩吵到，所以把小孩帶過去她那邊。但是她，她，怎麼可以就這樣把『我的寶寶』『搶』走？」咬牙切齒。

我無法安慰朋友，因為對她來說，婆婆不能搶走「她的寶寶」（即使這小孩也是婆婆的），更別說是她所認定的方式是用「搶」的。

其實我想說的是，接過去照顧，很好啊，這樣真的可以多睡一點不是嗎？順便問一下寶寶要不要就晚上過去睡，省得搬來搬去很麻煩？最好每天都可以有這樣的「服務」。過度責任感的母親總以為孩子是自己帶的才算數，別人的帶法怎麼都看不慣，尤其是長輩，那種老是說「我孩子都不知生過幾個」的倚老賣老更討厭。

## 孩子是你生的，哪有這麼容易被搶走？

如果你是這樣看老人家的話，那就太缺乏幽默感了，或者是說別期待自己累得要命又要家人體諒你，因為，你根本不讓家人幫妳啊。長輩當然是用自己熟悉、自以為好的方式來帶，如果覺得方式上太莽撞，可以試著溝通看看，換個角度思考看看，而不是一竿子打翻所有的好意，甚至把好意當敵意。雖然倚老賣老有點討厭，但，不好意思，我覺得生過好幾個小孩、一手拉拔長大，而且都可以養得頭好壯壯，這樣的媽媽的確就是值得尊敬。

囂張的婆婆或跋扈的媽媽我不是沒聽個案抱怨過，精神科門診裡多得是，但大部份都不是實際上的威脅，而是內在感受的不舒服。拜房價所賜，大部份人並沒有能力三代同堂，能夠跟長輩比鄰而居、偶爾享受免費托育服務或順便吃幾頓飯的福利已是萬幸。往好的方向想，我們可以有自己的空間享有自由、照著自己的意思過日子，但同時也學不會如何與長輩相處，尤其跟另外一半的家人相處。

當沒有太多情感基礎時，一旦必須待在同一空間裡，預期性的威脅感就來了。媳婦預期婆婆「應該會對媳婦挑剔」而神經緊繃，婆婆則預期媳婦「太年輕、教了也不一定會」而心生挫折……好了，這場諜對諜的猜測，最後真的可以預期會變成一場戰爭。

細究起這些恩怨，實在對孩子教養無濟於事，不如來看看如何跳脫互相責難的困境，想想如何能有建設性的思考。

長輩的介入不一定會讓我們失去自主。我相信角色的重要，如果你認可媽媽角色的重要，誰也搶不走，孩子不會因為和阿嬤、奶奶、姥姥過於親近而忘了娘，除非是為娘的選擇了放棄自己的角色。

一個朋友告訴我，即使她十分疼愛同住一起的三個姪女，甚至當假日、她們的父母忙著工作沒空陪她們時，都是這位朋友陪著、帶她們出去玩，但當她們的媽媽一聲令下，叫她們往東，她們絕對不敢往東北，媽媽在家時，這個大姑姑反倒被冷落一旁了。我朋友笑著說，那些小鬼現實得很，別以為她們跟媽媽不親，她們對媽媽可是敬畏得要命呢。

所以，「該有的角色有所屬」的重要性，確實難以取代。長輩對晚輩、上對下看似絕對的關係，常常限制了我們的思考，以為長輩對小孩必定有決定性的影響，殊不知老人家過度的介入只是想要證明自己有存在感，沒有被晚輩遺忘。

身為子女，該用心的地方不是誰該聽誰的，而是讓長輩感受被重視、被肯定，而不是教養方式上的一味遷就。當我看到婆婆揮汗煮出一桌菜時，會說「啊我最愛這個紅燒肉了！」並順便偷吃一口，如果吃不完就會裝便當，至少讓婆婆看到有人捧場；如果小孩不識趣的說，「奶奶，其實我想吃炒飯」時，我就會用力翻白眼，暗示她們「桌上有什麼就吃什麼，不要挑三揀四的。」

有個長輩告訴我，她很在意同住的女兒、女婿對自己所煮飯菜的態度，雖然他們不說，但只要煮出一鍋滷肉沒人捧場、好幾天後在廚餘桶發現，心裡實在很受傷（就算想倒掉也不懂得偷偷倒，技巧太差）；或者喜愛吃海鮮的女婿只要看到桌上沒海鮮、就會說他不餓的辛酸。

## 口頭讚美惠而不費，何樂而不為？

我們可以昧著良心巴結主管，對著不好笑的笑話乾笑、配合演出，對著穿搭很爛的同事說：「你今天的衣服好特別，化這個妝很有精神！」卻不願意對我們的家人說些中聽的話……這道理在哪？我也搞不懂。

當然，兩代相處一定也會意見相左，意見不合、表面附和的反應就像我們對小孩訓話時，她們「哦～～」的一聲長音，很明顯的陽奉陰違，有聽沒有懂，卻也不傷和氣，沒必要搞到兩敗俱傷的地步。

對小孩來說，她們該聽誰的？會不會有遵從上的錯亂？隔代的立場及各自的道理，誰也沒有錯，但萬一互相矛盾的話，小孩該聽誰的？

我相信小孩有辦法接受兩套標準，不致於腦袋錯亂。當孩子還小時，我是假日父母：平常日工作，週五晚上接回孩子過週六、週日，該有的不安全感與分離焦慮一樣都沒少。但因為娘家人也極為疼愛，稍減了小孩的不安，有時我會說：「好棒喔，阿姨又買玩具給你，你看阿姨多疼你！」「阿嬤都會剝葡萄給你吃，我都沒有，哼！」來強化她們被愛的感受。

對孩子重要的是，不管是哪邊的家，她們該有的愛絕對不會少。

相對的，如果在孩子面前抱怨：「阿嬤怎麼讓你穿那麼多，都起疹子了，真是不會照顧！」「他們幹嘛又亂花錢買一堆用不著的東西？」甚至和先生一起抱怨、屬於大人世界的恩怨，也讓一旁的孩子全盤接收了。

老人家當然有老人家對待孫子的方式（通常都比老媽寬鬆），在娘家或婆家時，因為不在我的地盤、我就盡量不干涉，但只要回到我的地盤，孩子就必須接受某些調整——類似資料轉檔的工作，老媽有老媽的教條，阿嬤有阿嬤的寵愛，可以並行不悖。

小孩學到的是比「管教」更重要的「互相尊重」——他看到的是，自己的媽媽與自己的外婆、奶奶相處和諧，互相尊重，是可以容許差異的一家人——試著挑戰彼此的界線固然少不了（例如在阿嬤面前告狀說老媽太兇），只要大人夠堅定就行了。當然，這種兩套標準的差距不能太大，否則孩子調適錯亂，無所適從，只能做漸進式的調整。

譬如，我有一個對童年充滿不快樂回憶的朋友，她說她是在阿嬤家長大，阿嬤沒有具體的三餐概念，覺得孩子只要餓了就吃、飽了就會停，於是她的飲食習慣也很隨意。小學三年級時，父母接回照顧，馬上切換成三餐進食、半小時內嗑完的規矩。想當然爾，她每天都挨揍……這例子也太極端！

大陸某網友在臉書 po 出這樣的照片：將自己的兩歲小童送去給婆婆帶了幾天，原本在都會生活，穿著時髦，頭髮也是精心修剪的，被其他網友稱為「萌娃」，結果才在鄉下待了沒幾天，她婆婆馬上把小孩「大變身」成老人家喜歡、順眼的樣子：先是剃了個大光頭，然後是花布衫、開襠褲，臉也髒髒的、流著鼻涕，活脫脫是個小土蛋，這兩張照片對照之下，這奶奶被網友戲稱是「潮孩殺手」。

但這個媽媽的語氣沒有埋怨，反而是戲謔的成份居多：小孩弄成這樣也是挺有趣的。老人家照顧孩子自有一套邏輯方式，有時候是出於生活智慧，能夠以這種角度來欣賞自是不錯。

不同家人帶來的不同面貌，形成「家」豐富的樣子。就發展心理學來說，每個人的差異之多樣，更甚於男女兩性的差異，媒體老說男人如何如何，女人又怎樣怎樣，好像這世界已經可以簡化為兩個分世界，真是偷懶而危險的方式。

對人愈能抱持著未知、探索的好奇心，愈能夠與人、甚至家人相處和諧。家人的內心世界和一般人一樣，各有各的內容，每個人內心世界差異之大，跟陌生人沒兩樣，他們也都無法當你肚子裡的蛔蟲、了解你的心思。你必須努力經營關係才能往想要的效果前進，必須用心去表達才能讓家人體會。幸好家人與陌生人還是有不一樣的地方，你努力嘗試靠近，卻不用擔心錯誤帶來的懲罰，因為還有互相包容的默契與感情。

PART

# 4

# 【觀念篇】

爸爸正和兒子大頭表達對不同人的價值觀。
爸爸：「在這世上我最討厭兩種人。」
大頭：「哪兩種人？」
爸爸：「第一種是有種族歧視的人。」
大頭：「那第二種人呢？」
爸爸：「黑人。」
大頭：「……」

家庭中除了個性、相處模式之外，我們還受到整個社會脈絡的影響，家門外看似不相干的人事物，對每個家人到底會有什麼決定性的影響？在這看似開放的社會中，到底有什麼觀念是根深蒂固且默默侵蝕（主導）這個家、甚至可能把家人愈推愈遠的？

價值觀（社會議題、政治傾向、性別認同、甚至八卦新聞）歧見之大，可輕而易舉摧毀根基不牢的感情。有朋友因為與家人不同的政治傾向，拒絕接受洗腦，寧可放棄返鄉投票，有更多更多的人因為家人反對自己的性向，再也無法回到原來的家。

如果家門內能包容上述的各類型價值觀，彼此互相尊重，容許家人可以跟我們不一樣，那麼前幾章的論述根本就是小菜一碟。可惜，最難的也就是這個部份，如果經過我的分享可以察覺到自己無謂的堅持，了解彼此的差異並非做些什麼就能改變，並試著用輕鬆的態度面對，那麼走筆至此也達到了我書寫目的，功德圓滿。

# 「重男輕女」還沒從這個世界消失……

一個國小老師用「重男輕女」讓學生造句。

學生甲寫：「我們家人的體重都是男生比較重、女生比較輕，明顯的『重男輕女』。」

學生乙寫：「我們家的家務分工是，粗重的工作是男生在做，輕鬆的工作是女生在做，很不公平的『重男輕女』。」

學生丙寫：「我爸說，所謂的『重男輕女』，就是男生打重一點，女生打輕一點。」

我有時候天真的以為，在這個現代都市台北城裡，重男輕女的情況

「應該」有好一點吧，起碼檯面上嗅不出這樣的味道（自己也不小心犯了「應該」的錯）。

一對同學夫妻已經有了兩個女兒，卻想再生個兒子，當太太懷孕時，他不斷為自己洗腦：「我這胎一定是男的！」無奈第三胎結果又是女生，只好再拼第四胎。

一個住在台北的小康家庭，我不懂這麼想生兒子，到底在堅持什麼？大女人主義的我常常在朋友圈裡大發議論：「生兒子又有什麼了不起，就多個雞雞而已。」當我們這些朋友為了那對夫妻的固執與愚蠢、以致於背負更大經濟壓力而私下談論、引以為戒時，由於周遭感受到的例子太少，我誤以為這觀念快絕跡了。但是回想起我懷第二胎時，這離奇、匪夷所思的觀念竟早就埋了伏筆。

有一天，門診的助診大姊問我這一胎男的、還是女的？當我摸著肚子、喜孜孜（顯然她沒讀到我臉上的表情）的說：「是個妹妹呢，真好……」我話還沒說完，她就若有所思的插嘴，臉上並出現極度遺憾的表情、喃喃的說：「只怪自己的肚子不爭氣哦。」我簡直不敢相信我的耳朵，以為在精神科待久了，開始出現幻聽症狀！

我氣到沒機會吐出剛剛還沒說完的話：「……我最喜歡妹妹了……」

幾天後，我依然餘怒未消，對著另一個助診大姊抱怨那天的奇遇，大姊安慰我：「你不要理她，她本來就嘴巴壞，亂說話，你不要放在心上。她啊，還不是因為高齡結婚又替老公生到了一個兒子就驕傲成那副德行，哼！」難怪，屁股翹得老高。

本來只想純抱怨而已，沒想到又多聽到一則八卦，這樣的安慰也沒讓我覺得更好。

還好後來聽到的都是由衷的祝福，慢慢的撫平我不舒服的感覺。大家都說，女生好啊，女生最貼心了，現在哪有養「兒」防老的，都是女兒在照顧雙親。

緊接著又有母奶的問題。當我生產未久即停餵母奶，有一次護理長巡房時問我餵的是母奶還是配方奶，當我說「配方奶」時，阿長臉上露出嫌惡的眼光說：「你『應該』餵母乳，尤其你還身為醫療人員！」她關心的不是我乳量足不足的問題，也不是忙碌的職業婦女如何維持哺乳量，而是寶寶有沒有母乳可用，當然也不想發揮同理心去體會，為何我們這些不盡母職的媽媽寧可買一小罐就要七百多塊、貴松松的奶粉，背後的理由究竟是什麼？

女人被歧視的可不只是性別，產婦連人權都是個問題。還好我在精神科服務，永遠記得媽媽的身心健康對孩子的重要，尊重並支持媽媽的決定，就會有快樂的媽媽與快樂的小孩。

我還算是幸運的，問題尚單純，只要自己找得到志同道合的人，互吐苦水一番就算了。有人遭遇到的價值觀衝突是多重的，而且避無可避。有個嫁來台灣三年的太太，還是很不適應台灣生活，加上背在身上、才一歲多的兒子，我想這也是她現在坐在我面前的原因。

在開口後沒幾分鐘，她那來自大陸的身份想要瞞都很難，除了口音露了餡，用字遣詞如「搭公交車」、「車上空了一個單位」也顯示出非本地人。對我來說沒什麼特別的感覺，只是禮貌性的問她是哪裡人。「上海。」上海可是個大城市，時髦的地方啊。

「可他們不是這麼看的，我每次出門回來都好煩，連買菜的阿嬸都會說『你們大陸人上廁所不關門』、『還會隨地大小便』什麼的，好像我們多落後似的。」

「有一次去餐館才氣呢，那服務員說，你們大陸來的還會吃牛排啊，哼，我們還懂得生火呢。」她說得又好氣又好笑。

「還好我先生是你們說的『外省人』，所以我先生家對我挺好，先生原來在大陸工作，我們也是兩邊跑來跑去，但小孩愈來愈大會開始想，他到底在哪邊受教育比較好？」

這次來就醫主要的原因是睡不好，此時正逢選舉前夕，吵吵鬧鬧的。

「我真的搞不懂人幹嘛要分顏色，分本省、外省的，本來我就已經夠煩了，現在幾乎每天被問『支不支持兩岸統一？』你們都已經有成見了還問我幹嘛？」只想做一個單純的家庭主婦，每每被逼到對政治表態，的確是很煩。

「不管官方的說法是怎樣，我這個人是很開放的，想獨立，好得很吶，我們上海也曾經想獨立啊，我是很尊重台灣人民選擇的，但也麻煩尊重我一下，我不喜歡跟人家爭辯，不代表我得聽你的。」

我很喜歡聽她說話，她很有自己的想法，個性也很清楚，只是身在異鄉顧忌很多，這個異鄉現在對她來說並不友善，而她的狀態對家裡也有決定性的影響，所以我希望她可以勇於表達自己的想法，看見更多友善的人，因為可不是所有人都是井底之蛙，以為大陸鄉下沒有沖水馬桶。

家人之間需要互相支持與接納、以排除家門外的種種雜音，我慶自己完全不用理會生男生女生幾個的壓力，因為婆婆說，生得出來就不錯了。當回娘家時，說慣台語的老爸會自動切換成國語、好讓女婿聽得懂，女婿也奮力的在對話尾音加上個「嘿呀」假裝自己也有台語腔；婆婆難得到訪時，立場激進的老爸也會刻意把政論節目的電視頻道切換成動物星球頻道。

# 思想不同，造就不同世代的趣味性

全家人到美國迪士尼玩了幾天，到最後一天時兒子說：「再見了，米奇。」

女兒說：「再見了，米妮。」

爸爸說：「再見了，美金！」

一家人對同一件事會有不同想法與心情。每到過年時，小孩總是因為有紅包可拿而雀躍期待，大人恰好因為要損失荷包而大呼失血。不同立場衝擊之下的結果可以很有趣，也可能很衝突。

光年齡本身就足以成為觀念上的差距，科技用品更能打敗一票患有科技恐懼症的老人家，長江後浪推前浪，前浪死在沙灘上。

我母親書念得不多，非常害怕使用電子產品，只要各種電器超過「開」與「關」兩種按鍵，她就相當抗拒學習，更不要想試著說服其功能有多便利。當然，這也跟心態有關，一個人的想法或環境愈封閉、愈能反應在一些事務上。

但這不是時代的錯，是時代造就了不同的我們，如果晚輩願意多了解一些長輩的生活，聽聽老人家講古、白頭宮女話天寶遺事，也十分新鮮有趣。例如聽聽以前沒有瓦斯爐的時候是如何用灶來燒柴？冬天是如何蹲在河邊洗衣服？就會對水龍頭打開就有熱水這件事充滿感激。

或者是由後輩揭櫫了新時代的來臨，小孩告訴我們，以後要靠打電動賺錢，或者是去學唱歌、街舞參加比賽時，我們也會覺得十分新奇。

思想的不同造就了不同世代的趣味性，當兩者試著搭上線時，幽默就產生了。

老先生：電腦好像中毒了，我們用壓縮軟體把它壓死行不行？

老太太：應該把電腦關機一陣子、餓死它才對！

有網友將自己小阿姨與外婆在line上面的對話上傳PTT版。這個很努力學習使用line的外婆，每看完一則訊息都特別再打兩個字：「已讀」。即使小阿姨跟她說，「你不用特別打『已讀』，看過的訊息line會自動顯示『已讀』。」老人家還是沒聽懂，繼續回「已讀，晚安。」最後小阿姨只好傳一個崩潰的貼圖給外婆。

另外有一位網路紅人Sandy媽，這個老媽跟所有的老媽一樣，被小孩嫌囉嗦後就被小孩封鎖了line，這個老媽不氣餒，非常有創意的用豆花妹的照片，並取了Sandy的暱稱帳號，然後在line上和兒子打招呼，謊稱是之前出遊同一營隊的女孩。因為用語很年輕，兒子居然不疑有他而上鉤，開始跟冒牌辣妹搭訕。沒多久，老媽就表明身份：

「哇系林老木！居然敢封鎖我？然後換個照片就加我……你完蛋了！你爸要跟你談……」

這些對話被當事人截圖放上PTT版，不到一個月即有數十萬的分享與按讚，大家都認為這老媽好潮、好有趣，好跟得上時代，於是這兒子告訴老媽「你上報了！」這老媽的反應是「要去買衣服怕上電視太醜」，同時也責怪「攏立啦（台語）！害我擔心紅了以後怎麼辦。」

當兒子好奇問「你到底哪裡學到這些用語」連自己也被騙時，老媽很酷的回答：「哇系走在時代的尖端der……然後就被刺死了。」

事情到此還沒有結束，還有續集。一個月後，當這兒子誤以為事過境遷，在 line 上又遇到一個叫 Angela 的「正妹學妹」來搭訕，想當然又是令人充滿想像力的照片與暱稱。這次聊了更久，甚至缺乏戒心的抱怨老媽很煩，又封鎖了先前的 Sandy 帳號，騙老媽考試快到不回家，其實是跑去夜唱……等等。等到老媽終於忍不住說：「你都不會想，我就是你媽嗎……哇系林老木挖系林老木挖系林老木，因為你太傻所以要說三遍。」

我常遇到門診的青少年跟我說，父母太煩了所以沒有加父母 line，或者本來有義務性的加入（因為手機是他們買的），後來當然就刪掉了，願意把父母加入臉書的更是少之又少。正因為 line 與臉書的地域性太強，非我族類就很難打入，所以 Sandy 媽的裝嫩功力可以讓自己兒子都失去戒心，實在很強大。

試著拉近時代距離的老人家很容易就贏得晚輩的尊敬，這努力的精神起碼就值得我們拍手鼓勵。我那七十六歲、很有活力的老爸，近期正在學通訊軟體，有一次他問了一個關於 line 好友名單上的問題，我們研究半天也回答不出來，於是就偷懶的說，「唉呀，反正你不認識的人就通通不要理他，不要加入或封鎖他就好了。」沒想到他很不以為然的回說：「活到老學到老啊，我就是要搞懂，這樣以後才會。」這絕不只是只想趕時髦學學年輕人的玩意兒而已，毅力真的很不簡單。

# 同志議題大考驗

科技、電子產品畢竟是看得見的產物，看得見的差異要拉近距離似乎也不太難，我指的是和腦袋裡面的想法比起來的話，前者只是技術層次的問題。

想法的差異要拉近距離，比看得見的差異難上不知千百倍。如果有個年輕人是家中獨子，他想跟家人說，其實他從國小就喜歡男生，今後也不可能和女生在一起，可以預料傳統性格的父母有多跳腳，會有多少排山倒海來的激烈反應。

我最常看到的畫面是，同志的父親或母親氣急敗壞的把念大學或青春期的孩子帶來門診，要我們協助他「變正常」。這還算是溫和的，更有甚者，聽過他院遇到想要將小孩「強制就醫」的家屬——白話的意思就是「關進精神科病房，看出來之後會不會正常一點」。當然，精神科醫生並不予理會，訓斥了家屬一頓之後就請他們回家，雖然回家之後問題仍舊沒有解決。

為什麼精神科不處理？精神醫學的看法是，性別認同與傾向不是病態問題，也就是「我認為自己是男生或女生」，與「我喜歡的是男生或女生」，這些通通都不會是問題，即使生理上是男生、可是心理上認為自己是女生，也是ＯＫ的，除非在過程中有明顯的苦惱，並影響日常生活的功能，此時的問題就是屬於情緒上的「性別不安」（Gender Dysphoria），而非生理上的問題。而當這樣的孩子來到門診時，我們的工作不是讓他變成異性戀，而是讓他更清楚自己的選擇，可能承受的壓力與代價，並減輕他的情緒症狀。治療動機可能跟父母原先期待的很不同，但唯有這樣，他才有機會喘息，思考下一步該怎麼走。

同志議題是許多家庭最大的鴻溝，甚至連助人工作者自己的家庭都不一定逃得過。一個女同志告訴我，她的母親是社工，但卻無法因此接受女兒是同志的事實，不斷的說服自己相信她「一定是交到不好的朋友，被帶壞的」。我不想澄清如「同性戀是否會助長愛滋病？」「支持同性戀會讓同志愈來愈多，妨礙下一代的繁衍」的問題，這些問題在各大專業網站都找得到解答，我想討論的是「當同志已是事實」，家人該如何自處，抱持何種態度？

這是信念問題，就像你接不接受「世界上有鬼」的說法？信者恆信，不信者也恆不信，很難藉由說服的工作逼他們相信，除非他們自己遇到鬼；但即使是遇到鬼，鐵齒的人也會說服自己「那只是錯覺」、「一定是在作夢」。如果你很堅持立場，我也不期待有辦法藉這本書說服你；如果你半信半疑，那麼可以試著調整腳步和家人同步，增加對彼此的理解，也許能將這鴻溝拉近成小水溝；如果你就是當事者，那麼我會鼓勵你向外求助，尋求其他的支持力量。

某同志在網誌上分享了出櫃的心情。他還沒準備好「出櫃」，只是信件不小心被母親發現而不得不「跌出櫃子」。母親的反應當然是很震驚，哀求的問：「你可以喜歡女生嗎？」這兒子回答：「對不起，我就是喜歡男生，但我依然是你的好兒子，每天都會帶點心回來給你的乖兒子，就算我喜歡男生，我還是我啊。」

話雖說得輕鬆，但接下來幾個月的時間，親子之間進行了無數次的拉鋸戰，反覆在「你為什麼喜歡男生？」「不知道，反正我就是喜歡男生。」這種無解的對話中拉扯，兩個人試著想溝通，流了許多的眼淚，卻無法拉近彼此之間的距離。

直到兒子找到一個機會：同志諮詢熱線即將要舉辦親職講座，他邀請母親共同參與，希望困惑的母親有機會能更了解並找到答案。母親也果真鼓足勇氣去了。果不其然，專業的講授是有幫助的，回答了母親大部份的問題，但困惑似乎沒辦法就這樣散去。在課堂結束的時候，她仍不死心的問義工：「真的沒辦法改嗎？」義工維持一貫的笑容與禮貌：「以後有問題就儘管打來熱線。」她兒子於是說：「你看，人家上課時不都說了嗎？幹嘛一直問？」

這母親的回答很妙：「我知道啦，只是我抱著僥倖的心態，看你會不會是雙性戀，以後有可能還是會喜歡女生。」雖然自己還是不能全然的接受，但已經準備好陪兒子走這段辛苦的路，沒有選擇逃避。

雖然觀念世代有差別，但基於愛護家人的心，這差別也許沒有想像中那麼難跨越。我有個同志朋友與男友相識多年，有一天鼓足勇氣想把男友帶回家過夜，於是跟他八十歲的老母親表白，沒想到母親一句話都沒說，默默的拿了一個枕頭放在他的床上。幾年之後，我有幸參加他的「婚禮」，儀式很簡單，就只請了一桌，朋友穿著粉紅色的襯衫，心裡頭喜滋滋的，我忙著恭喜他，一邊拿出有事無法參加的先生所準備好的紅包，他的笑容更燦爛了。

# 溝通是永遠的功課

媽媽睡前悄悄到兒子房間巡視，看到房間還是一片髒亂，地上仍留下一堆髒衣服，並發現地上有一張紙條寫著：「媽，對不起我睏了，明天一定會打掃。」

媽媽嘆了一口氣，把髒衣服通通拿去洗，等到打掃完了上床睡覺時，發現枕頭上有張字條，上面寫著「謝謝媽媽」。

溝通是永遠的功課，從家門內到家門外。家人間的互相理解不僅僅於生活習慣、個性、情感上的理解，也包括我們不斷接收外界訊息產生的衝擊：學習並接受B規範，要如何與原來自己適應的A規範相容？家人能接受我們的成長與改變嗎？看來家人與我們自己都得要不斷調整，才跟得上改變的腳步，如果有其中一方節奏比較慢，其他家人願意停下來等待嗎？或者是能接受這樣的差異嗎？

好比兩岸要溝通，明明看起來樣子像自己人，說的話也都聽得懂，但聊起天來天差地別，甚至一開口我們就知道「他不是自己人」，那ㄟ安捏？長得像又如何，血緣也不保證能心電感應，兩邊如何讓對方接收到正確的理解，了解自己的世界？

近幾年發生許多社會價值、國家認同、性別平權等等的議題，反核、白衫軍、反服貿、太陽花事件、層出不窮的油品食安問題，當大夥兒坐在電視機前面，看著新聞吵吵鬧鬧，家人之間有人支持、有人反對，對於彼此的歧見該怎麼處理，或者如何尊重彼此的選擇、避免波及家人之間的感情？我認為這應該從兩個方向來觀看：

## 家長如何帶領孩子？

當孩子未成年、懵懂無知如一張白紙時，我們要怎麼正確傳達完整的概念，同時又給小孩思考的空間？

當女兒問我「什麼是水母腦？」「為什麼大家都不喜歡金正恩？」我要如何帶領她看世界、了解真相，同時又不致於受自己好惡影響？或者當女兒告訴我：「男生親男生很噁心」時，我如何看待性別認同？如何保持開放態度，同時不勉強孩子受自己的價值觀主導？

我自己的做法是，我會直接告訴孩子我的想法，這些想法背後的理由是什麼，我不想故作理智狀的給她一個「大家比較能接受的答案」，即使自己心裡並不認同。

例如，我比較支持A黨，但她們的爸爸比較支持B黨，我會告訴她們自己支持的理由，不會假裝公平的說其實A、B都不錯，但也會讓她們去聽聽爸爸的說法。為了讓她們有彈性，我也會盡量避免情緒性的攻擊，有時也會說：「雖然媽媽不喜歡B黨，可是B黨裡面的某某人，我認為他是B黨裡面比較為民著想的。」

有人會認為，表達的那麼直接，難道你不擔心小孩長大會跟隨自己的想法，沒有獨立思考的能力？你知道的，我討厭迂迴的溝通，親子相處最忌諱猜來猜去，就像我對管教態度的觀點一樣，我相信孩子是在「聽不同的聲音」中學習，等到她們可以開始整合這些說法，並加入了自己的判斷標準之後，就有自己獨特的個性。

當然，父母必須保持開放的態度，並且對人有基本尊重，無論是性別、外型、種族、心智能力、文化……等等，才能成熟而健康的回答類似「為什麼阿姨都不結婚？」「為什麼女生說要分手，男生就要殺死她？」「他功課都不會，我們都很討厭他」的想法與問題。

大人不要對自己的影響力太樂觀，也許小孩開始進國中，就已經不是「我媽說」或「老師說」，而是「同學說」，當孩子已經不再是小孩，開始有自己的思考方式時，父母通常還傻傻的沒跟上，以為他（她）還是那個甜蜜、可愛，會黏著自己的小天使。

你的膚淺與侷限會在孩子吸收的愈來愈多時，愈來愈禁不起考驗，所以請盡量保持開放的心，也對自己誠實，不要假裝民主。就像一群人出去吃飯時最恨那種「吃什麼都可以啊」、「我隨便」，結果當大家決定吃快炒時卻說「其實我比較想吃日本料理」的偽君子。那種老是說「只要你喜歡就好」的父母其實也非真心，與其不斷挑剔朋友的身家背景，工作薪水條件的多寡，不如就誠實點、讓孩子知道你的底限。

## 孩子如何與家長分享自己的世界？

如果給孩子充份的自由與發言權，他什麼都可以問。

大至宇宙行星、小至隔壁老王的拖鞋為什麼是紅色的都能問，什麼場合都能問，什麼人都能問，已經到了無所不能問的境界。

正在馬桶上大便的加寶：「馬麻，你說把屁裝進氣球裡會成為一個『屁球』嗎？哇哈哈！」自顧自的大笑，非常會聯想的小傢伙。正在呼嚕吃麵條時問：「鍬形蟲的幼蟲和蠶寶寶比起來，哪個比較大？」完全不管發問的時機，我覺得我咬的白胖麵條好像會蠕動。「那個沒有頭髮的叔叔為什麼頭那麼亮？」指著同在電梯裡才隔一步遠的某陌生男子，我好想把加寶的頭壓進地洞裡。

「馬麻，你知道《哈利波特》裡的『咆哮信』是什麼嗎？」

我反問，你這是問我還是考我？這一定要先問清楚，因為有時候她發問只是為了測試老媽的知識水平夠不夠。

「如果你已經知道答案了就不用再問我，如果你不知道答案問我也沒用，因為我沒在看《哈利波特》。」狡黠的老媽用心理學的晤談技巧輕輕的把問題撥開，把問題丟還給發問者，這才是最高境界啊。

某日正在開車，一車子靜默，老媽的腦袋好不容易正在放空中，加寶可能是太無聊了正展開自由聯想：「馬麻，你說隕石真的會撞到地球嗎？」「如果隕石撞到地球的話，地球不就毀滅了？」這不是問題，這是小孩的世界末日。

見我不搭腔，可能是不理她了，便轉而向正在專心開車的加寶爸問：「把拔，把拔，把—拔—（聲音一次比一次大），你說世界上最大的行星是哪一顆？」

「你到底能不能安靜一點啊！」加寶爸發作了。

小鬼的問題多到大人的腦子快爆炸，大人有時也無法招架，有時無法回答的問題就交給「Google大神」（用google搜索引擎），但大部份仍是不能偷懶的見招拆招，否則小孩就不願意和我們分享了。我記得自己小時候並沒有辦法像加寶這麼暢快的說話，因為我得懂得看大人的臉色，大人不一定願意給我機會說；如果沒能得到回應久了，我也就學會了閉上嘴巴。

不管我們如何回應小孩，只要願意回應，就算是亂聊、扮嘴，無意義的打屁、聊天，孩子不必害怕會說錯什麼，到這個時候你才會是孩子最信任的人。當小孩稍大之後，會跟我說「我討厭男生，以後不要結婚！」「生小孩好痛，我以後才不要生小孩！」我學會一笑置之，聽聽就好，並感謝她願意跟我說些五四三，愈離奇的內容代表自己愈被信任，我感謝小孩的信任，並希望她們以後不管喜歡的是男生、還是女生，都願意讓我知道。以後的世界或變化，交給以後再說。

# 兩岸終達成統一

晚飯後，母女一起洗碗，父子則在客廳看電視。
突然廚房裡傳來打破碗盤的聲音，接著便一片安靜。
兒子打破沉默說：「這一定是媽媽打破的。」
爸爸：「你怎麼知道？」
兒子：「因為媽媽沒有罵人。」

每個家庭有屬於自己家裡獨特的互動氣氛，這種不必言語明說的部份，到底會變成溝通的阻礙、還是相合的默契，端賴家人想要用心的程度。

親子兩邊的價值觀若另一端願意用心去了解，終究會有共通之處，經由無償的愛與互相理解，只要家人表達出對自己的需要，自己在家人眼裡是重要的，一切用心都值得了。

父母吵架，母親盛怒之下離家出走，期間都不理會父親傳的line。父親要兒子打電話給母親，沒想到只講了一句話母親馬上就回家了。

兒子：「承認吧，你失寵了。」

父親：「你到底說了什麼？」

兒子：「沒說什麼啊，我只是說『我餓了』。」

我這幾年很迷老字號、手工傳統小店的東西，因為那代表家人之間精神的傳承，一種類似價值觀的東西轉換成商品，感覺那商品買回去之後也帶有濃濃的感情。例如從事生技產業卻不捨老父年邁受傷，回來繼承其麵茶涼粉攤的女兒；三代手足皆共同參與的手工繡花鞋……感覺那些東西都變得溫暖起來了。

有一次聽到一個老祖宗止咳的古老法子，要用傳統麥芽糖浸過白蘿蔔，出水後連糖汁喝下。因為女兒們皆過敏體質，我為此找到一家真正的傳統麥芽糖，才知道一向在各大老街賣的麥芽糖通通不純要砍頭：那些只是加了麥粉的水飴。

真正的麥芽糖是完全不加糖，純粹用約三公分的小麥嫩芽加糯米、用老灶熬煮十二小時而成的，甜味非常自然且香氣十足，我一試就知道那是用錢也買不到的真功夫及真感情。第三代傳人孫穗德說，「阿公的古早方法，是兩千斤麥芽米水才能提煉出二百斤麥芽的『憨工』！」「阮阿公和阿爸顧麥子就像在顧囝仔……後來我決定回家，朋友都說阮真憨，幹嘛繼承辛苦又被市場遺忘的古早味？」

這個跟隨長輩堅持的決定，雖然無法大富大貴，卻躲過了塑化劑之類的食安風暴，也漸漸吸引欣賞傳統價值的歐巴桑如我。那不只是傳承而已，也代表了家人間的共同語言，長輩胼手胝足、認真實在的身教，讓不同的家人因此有了連結。

曾有幾個大學日間部學生，在學校餐廳批評「進修部都是廢渣」，引來網友激烈的討論，其中有一篇說出了進修部學生心聲的文章，被網友稱為最佳「勵志文」。

這位進修部的同學說，他之所以念進修部，是因為爸爸跟他說「十八歲了，生活開銷該學習自己負責」，因此他決定要經濟獨立，邊讀書邊養活自己。我想這學生的家境應該也是辛苦的，因為他的阿公十八歲就自己學土木、自己蓋房子，他的阿爸也是從十八歲打拼到三十歲才有自己的房子住。於是，這位同學也找了個黑手的工作，一天上八個半小時的班，月領20K。當日間部同學很多都在課堂上「補眠」時，他正在工廠裡搬磚頭；當有的日間部同學晚上在打電動或跑趴時，他正撐著眼皮繼續跟磚塊一樣厚的書奮戰。

即使很辛苦也不以為苦，他勉勵大家「現在的你會決定十年後的你是怎麼樣的人」，並引用了他阿公傳下的一句話：「做人就好比起厝，哪怕是一塊磚、一塊瓦，偷工減料就等著壞了了。想做什麼大事，就要有什麼樣的材調。」貼文一出，立刻引發網友熱烈討論，吸引近千名網友按讚分享，紛紛大讚樓主「好樣的」、「真男人」、「阿公說的話要聽」等。

藉由阿公的「古訓」把自己跟長輩連結起來，是身為家人的驕傲，阿公與阿爸的模式就是最好的典範，在這裡，代溝真的已經不是問題。

有個年輕人有位特別的媽媽，這個媽媽在山上養了七百多隻流浪狗……對，你沒看錯，就是這麼多！在他還是小學生的時候，別人的媽媽假日會帶小孩去山上玩，他的媽媽也會帶他上山，不過是帶到山上的狗場去照顧這些狗；別人的媽媽會參加學校的運動會，還會帶麥當勞給小孩吃，他的媽媽則連陪伴他都很少，印象中總有忙不完的狗事。每年寒暑假他都希望自己生病發燒，可以不用去清像山一樣高的狗屎。

有時候我埋怨，為什麼（媽媽）身體壞了還要養流浪狗？沒錢拿就算了，花在流浪狗的身上，比中元普渡燒的還要多。狗會生病，狗要吃飯，打掃要水要電……愛心也要有個限度吧。

大家都在嫌零用錢不夠花，我沒拿過零用錢，我媽說狗都沒飼料吃了，我有飯吃已經很不錯了，再嫌會下地獄……雖然從來沒吃過什麼高檔餐廳，但我也從來沒有餓過，還很胖。

養狗不是我媽的興趣，更不是我媽的天職，她只是出自一片善心，沒有你們（指不當的棄狗者）這種人，就不會有像我媽這樣的人。

（以上內容經作者魏家正同意刊登）

他寫這段話出來不是為了埋怨母親，而是感謝母親讓他明白尊重生命的重要。在母親身體力行作善事、回饋社會的同時，他從母親身上看到了是一種單純，單純到傻氣的善良，他認為自己的媽媽是「真正為善不欲人知的傳奇」！

這令我想起自己的父親個性耿直，年輕的時候不願意為了升官在逢年過節到長官家去送禮，此舉也惹得母親不悅，常常私下說你阿爸個性太硬，送個禮是會死嗎？升官加薪對家裡經濟有幫助，難道不知道嗎，結果和他一樣資歷的同期同事年資一到都紛紛升了小主管，而老爸還不上不下的卡在技術人員的職階上。

有一次過年前夕，我家有人來送禮，我記得是一盒水梨之類的，拿到了也沒特別感覺，道了聲謝就收下。晚上父親回來之後我們拿給他看，沒想到他好像有感覺似的，直接拆開最裡頭的底層，果然裡面有一疊鼓鼓的、厚厚的、金額不詳的紅包，父親眉頭一皺，第二天就拿去還給人家了，當然這又讓我母親念了好一陣子。

在醫院工作十多年，也難免遇到紅包文化。有一天，我要幫一個小孩做評估，當我帶領小孩進治療室時，他的阿嬤悄悄的尾隨進來，順手就把門鎖上，非常快速的往我白袍口袋裡塞進一疊鈔票：「心理老師萬事拜託，我家小孩的檢查報告就要靠妳了。」我想都不想就拿出來，用同樣快的速度塞回她手裡、正色說道：「我會做我該做的事，這紅包我絕對不會要。」「沒關係啦老師，不會有人看見的……」話還沒說完，阿嬤看到我正氣凜然、面若包公，也不敢再堅持下去了。其實依小朋友的狀況，檢查報告絕對符合家屬需求，實在沒有塞紅包的必要。

在這個時候，我發現我跟我父親一樣，不，是父親的舉止影響了我，良心價值這種東西，只有當父母做給子女看，子女才能真正體會，我感謝父親給了我這個無價的財產，讓我晚上能有個好覺。

誰說一家人沒有「統一」的時候？看到這些家人因為共同的價值而緊密的連結在一起，感覺很動人。

# 後語 關於家，其實我想說的是……

雖然在心理學的學術領域滾了至少八年，實務經驗拉拉雜雜也十幾年，但在親子互動這件事上我還在修學分，孩子永遠在旁邊提醒我身為家長的影響力有多大及有多不完美。

從治療室到書桌，我原本不想用專家語氣說話，也不想在書中扮專家，只想說故事，因為小孩不是實驗的白老鼠，並非是由專家「提供什麼高明的教養法則」他們就會成怎樣，他們有各自的心思與個性。

我想從說說與讀者共同的家庭經驗，在經驗為前提下、不要再犯同樣的錯誤，但說著說著我的職業病又犯了、忍不住「建議」起來——在擁有了一些專業知識，看過那麼多案例，體會及目睹了許多的親子互動，不給點建議簡直是怠忽職守，但不希望那是高高在上的給建議，畢竟我在孩子面前也只是個有點嘮叨的老媽，不是心理師。專家是在家門外，生活是在家門內。

在醫院，我可以無私的給建議，病人也因為這個角色帶來的信任感而來，離開醫院，我下了班，也卸下了工作角色、回家當老娘，在家裡我只是一個有點嘮叨的歐巴桑。

坦誠是必要的，若與讀者距離太遠，任何的建議都不真切，也讓人懷疑所給的建議到底是有用的、還只是華麗的唬爛。與其說給讀者建議，不如說我想藉由敘說的方式整理家庭經驗對我的影響、教養心得，並在生活中驗證心理學上的說法。

這過程很有趣，親子教養這件事沒有「完美的案例」，它不像有些心理治療教科書上說的，因為治療師使用了什麼技巧，說了什麼話而讓病患有醍醐灌頂般的覺醒，大部份聽起來「有道理」的話，在自己小孩面前發揮不了多大作用，反而愈聽愈煩。

當孩子還小時，有一次同事跟我說，「欸，我昨天在路上看到你耶，你帶著兩個小孩，一路上都在吼小孩耶，什麼『給我走慢一點』、『叫你們不要跑是沒聽到嗎』，哈。」對啦對啦，是跟我平常的專家德性很不同，而這才是生活中真實的我，講道理太慢，直接罵比較快。

我們都紮紮實實地在生活中磨練，這跟拿了幾個心理學學位沒有太大關係，那些學位可以讓我容易看清別家小孩的問題，卻不一定因此可以解決自己小孩的問題……我，只是一個懷孕時是高齡產婦、又有兩份工作的職業婦女，在此身份下有點吃力的帶領著兩頭小鬼。只是我佔了一點便宜，經過了心理學的同理訓練與洞察訓練後，讓我比較容易察覺家庭經驗對我的正負面影響，而這些同樣也通過自己在影響小孩，減少在錯誤中學習的機會，小孩有時會抗議：「媽——你怎會知道我在想什麼啦？」「廢話，你娘可是心・理・師・啊！」工作角色下班，職業嗅覺可沒下班。

有個媽媽因為升國三的女兒已經一個月拒絕去上學，過度焦慮而來求診：在升上國中之後，功課一向優秀的女兒有些特殊的原因無法寫作文。她告訴我：「我很急，她就要升學了，成績一直在退步，以前很喜歡寫東西的她居然沒辦法寫作文？所以我對她的責備就比較多……都是我的錯，我還會拿她的成績跟妹妹比較，愈罵她愈沒自信，所以她乾脆不去學校了。」

這是個很自責，很緊繃的媽媽，很清楚自己的病態管教讓女兒發展出症狀，她反省的說：「我做錯就是做錯了，錯了我就要承認。」太坦白反而讓我很不忍，畢竟她無意把小孩逼出症狀的，於是我問起她的日常生活。她的生活就是沒有自己的生活，重心全在方圓之內，沒有什麼朋友，沒有什麼想投入的興趣嗜好，整天就圍著孩子團團轉。孩子還小需要照顧時還算平衡，但小孩愈來愈大、有自己的生活時，她卻無法隨著調整、改變，整天就只能注意孩子的分數，多一分，少一分，這就是生活的全部。

我聽著簡直要跳腳了，忍不住建議她：「你要不要試著多安排自己的生活，不用跟小孩綁在一起。」不做這個建議我會睡不著覺，好不容易她擠出了「對喔我想過要去學瑜珈」這選項，我內心吶喊：「你不只是要去學瑜珈，還要去SPA，做指甲，喝下午茶，找喜歡的書來看，認識自己的朋友……」不要把自己的重要性侷限在做個「盡職的母親」，孩子沒有你想的那麼需要你，他也要飛。

養育兩個男孩、有「男孩教母」之稱的彭菊仙認為，受挫的母親總是忘了疼惜自己的辛苦，尤其要適應男孩的躁動、競爭、鬥狠的雄性特徵，很少有母親不筋疲力盡的。不管是辛苦的母親或其他辛苦的家人，都得把自己照顧好——我必須呼應前言所提的，保持身心健康的重要，家不一定是造就你身心健康的所在，但身心健康才能成就一個家，沒有足夠強的本質如何照顧其他人？牢靠、有抵抗力的本質，即使受到傷害也能自行痊癒，你沒有損失，家，只是替你加分而已。

這是我的觀察與體會，每個夠投入家庭感情的人都會有屬於自己的體會，如果我能體會到你的體會（好像繞口令），那麼就產生一致性的共鳴，這些近乎原則性的東西就不可謂不重要。對於家的種種想法，好像應該停留在人跟人互動的層次上，但討論、討論著，漸漸地往更內在的地方去，直指人的內心世界：影響你的不是家人，而是你對家人的態度與想法。

精神科雖然不是什麼討喜的科別，也許醫院建物上方還籠罩著一片灰色的雲，許多身受各種症狀所苦的病人正在經歷許多年治療與服藥的反覆煎熬，但在這裡工作得到的收穫是，我總能從他們身上找到驚人的自我解嘲力量及幽默感，若不這樣的話，他們要如何說服自己活下去？

有個資深病人揹負著天生疾病的十字架，自己的母親早年即罹患躁鬱症，婚姻維持幾年即因發作而離婚，沒想到父親隔幾年也得了躁鬱症，至此才發現父親的家族病史比母親還精采，叔叔早就生病且已治療多年。

沒人肯跟當時還小的她說家族病史，她只記得「自己是爺爺奶奶帶大的，有爸媽跟沒爸媽一樣」，這些念頭累積到到十七歲的時候終於也化成症狀：「很想知道為什麼別人有媽媽，自己卻沒有？」情緒崩潰躁動不得不住院。每到了生命的重要轉折時她就會發病，例如父親又離婚了（父親有過四次婚姻）、父親又交新女友了、男友求婚，因為太高興激動不知如何因應妻子角色又發作、男友看她發作又悔婚了。她不知該如何處理親密關係，沒人教她該怎麼做，只能一次又一次受挫，第一段感情毀婚收場，第二段還是悔婚收場。

這些年來，她已經學會看清楚自己的極限，願意配合治療來控制症狀，四十歲以前跌跌撞撞的人生，在這之後要漸漸拿回主導權，她要控制症狀而不是被症狀控制。家對她來說並非遙不可及，她就是自己的家，因為「這幾年來已經很會跟自己相處了」、「自己也算是娶了自己」。

當她情緒上來時，不再購物或狂打手機，而是讓自己跑步，讓自己的負面能量全然釋出，從短程的迷你馬（五公里），半馬（二十一公里），到現在挑戰的全馬（全程馬拉松，四十二公里）。我笑說，「天啊，妳接下來該不會是挑戰『超馬』吧？」（超級馬拉松，全程一百公里）「這很難說喔。」她露出有何不可的笑容。

我們大部份的人不必經過如此辛苦，就可以透過家來看見自己的樣子，當然也能決定自己想要的、家的樣貌。單人的家，同性別的家，三人之家，多人之家，用幽默的眼睛來看這些樣貌，接受生命中的意外，朝向健康的能量！

# 橡樹林文化 ❖❖ 眾生系列 ❖❖ 書目

| | | | |
|---|---|---|---|
| JP0001 | 大寶法王傳奇 | 何謹◎著 | 200 元 |
| JP0002X | 當和尚遇到鑽石（增訂版） | 麥可・羅區格西◎著 | 360 元 |
| JP0003X | 尋找上師 | 陳念萱◎著 | 200 元 |
| JP0004 | 祈福 DIY | 蔡春娉◎著 | 250 元 |
| JP0006 | 遇見巴伽活佛 | 溫普林◎著 | 280 元 |
| JP0009 | 當吉他手遇見禪 | 菲利浦・利夫・須藤◎著 | 220 元 |
| JP0010 | 當牛仔褲遇見佛陀 | 蘇密・隆敦◎著 | 250 元 |
| JP0011 | 心念的賽局 | 約瑟夫・帕蘭特◎著 | 250 元 |
| JP0012 | 佛陀的女兒 | 艾美・史密特◎著 | 220 元 |
| JP0013 | 師父笑呵呵 | 麻生佳花◎著 | 220 元 |
| JP0014 | 菜鳥沙彌變高僧 | 盛宗永興◎著 | 220 元 |
| JP0015 | 不要綁架自己 | 雪倫・薩爾茲堡◎著 | 240 元 |
| JP0016 | 佛法帶著走 | 佛朗茲・梅蓋弗◎著 | 220 元 |
| JP0018C | 西藏心瑜伽 | 麥可・羅區格西◎著 | 250 元 |
| JP0019 | 五智喇嘛彌伴傳奇 | 亞歷珊卓・大衛一尼爾◎著 | 280 元 |
| JP0020 | 禪　兩刃相交 | 林谷芳◎著 | 260 元 |
| JP0021 | 正念瑜伽 | 法蘭克・裘德・巴奇歐◎著 | 399 元 |
| JP0022 | 原諒的禪修 | 傑克・康菲爾德◎著 | 250 元 |
| JP0023 | 佛經語言初探 | 竺家寧◎著 | 280 元 |
| JP0024 | 達賴喇嘛禪思 365 | 達賴喇嘛◎著 | 330 元 |
| JP0025 | 佛教一本通 | 蓋瑞・賈許◎著 | 499 元 |
| JP0026 | 星際大戰・佛部曲 | 馬修・波特林◎著 | 250 元 |
| JP0027 | 全然接受這樣的我 | 塔拉・布萊克◎著 | 330 元 |
| JP0028 | 寫給媽媽的佛法書 | 莎拉・娜塔莉◎著 | 300 元 |
| JP0029 | 史上最大佛教護法一阿育王傳 | 德干汪莫◎著 | 230 元 |
| JP0030 | 我想知道什麼是佛法 | 圖丹・卻淮◎著 | 280 元 |
| JP0031 | 優雅的離去 | 蘇希拉・布萊克曼◎著 | 240 元 |
| JP0032 | 另一種關係 | 滿亞法師◎著 | 250 元 |
| JP0033 | 當禪師變成企業主 | 馬可・雷瑟◎著 | 320 元 |

| | | | |
|---|---|---|---|
| JP0034 | 智慧 81 | 偉恩・戴爾博士◎著 | 380 元 |
| JP0035 | 覺悟之眼看起落人生 | 金菩提禪師◎著 | 260 元 |
| JP0036 | 貓咪塔羅算自己 | 陳念萱◎著 | 520 元 |
| JP0037 | 聲音的治療力量 | 詹姆斯・唐傑婁◎著 | 280 元 |
| JP0038 | 手術刀與靈魂 | 艾倫・翰彌頓◎著 | 320 元 |
| JP0039 | 作為上師的妻子 | 黛安娜・J・木克坡◎著 | 450 元 |
| JP0040 | 狐狸與白兔道晚安之處 | 庫特・約斯特勒◎著 | 280 元 |
| JP0041 | 從心靈到細胞的療癒 | 喬思・慧麗・赫克◎著 | 260 元 |
| JP0042 | 27% 的獲利奇蹟 | 蓋瑞・賀許伯格◎著 | 320 元 |
| JP0043 | 你用對專注力了嗎？ | 萊斯・斐米博士◎著 | 280 元 |
| JP0044 | 我心是金佛 | 大行大禪師◎著 | 280 元 |
| JP0045 | 當和尚遇到鑽石 2 | 麥可・羅區格西◎等著 | 280 元 |
| JP0046 | 雪域求法記 | 邢肅芝（洛桑珍珠）◎口述 | 420 元 |
| JP0047 | 你的心是否也住著一隻黑狗？ | 馬修・約翰史東◎著 | 260 元 |
| JP0048 | 西藏禪修書 | 克莉絲蒂・麥娜麗喇嘛◎著 | 300 元 |
| JP0049 | 西藏心瑜伽 2 | 克莉絲蒂・麥娜麗喇嘛◎等著 | 300 元 |
| JP0050 | 創作，是心靈療癒的旅程 | 茱莉亞・卡麥隆◎著 | 350 元 |
| JP0051 | 擁抱黑狗 | 馬修・約翰史東◎著 | 280 元 |
| JP0052 | 還在找藉口嗎？ | 偉恩・戴爾博士◎著 | 320 元 |
| JP0053 | 愛情的吸引力法則 | 艾莉兒・福特◎著 | 280 元 |
| JP0054 | 幸福的雪域宅男 | 原人◎著 | 350 元 |
| JP0055 | 貓馬麻 | 阿義◎著 | 350 元 |
| JP0056 | 看不見的人 | 中沢新一◎著 | 300 元 |
| JP0057 | 内觀瑜伽 | 莎拉・鮑爾斯◎著 | 380 元 |
| JP0058 | 29 個禮物 | 卡蜜・沃克◎著 | 300 元 |
| JP0059 | 花仙療癒占卜卡 | 張元貞◎著 | 799 元 |
| JP0060 | 與靈共存 | 詹姆斯・范普拉◎著 | 300 元 |
| JP0061 | 我的巧克力人生 | 吳佩容◎著 | 300 元 |
| JP0062 | 這樣玩，讓孩子更專注、更靈性 | 蘇珊・凱瑟・葛凌蘭◎著 | 350 元 |
| JP0063 | 達賴喇嘛送給父母的幸福教養書 | 安娜・芭蓓蔻爾・史蒂文・李斯◎著 | 280 元 |
| JP0064 | 我還沒準備說再見 | 布蕾克・諾爾＆帕蜜拉・D・布萊爾◎著 | 380 元 |
| JP0065 | 記憶人人 hold 得住 | 喬許・佛爾◎著 | 360 元 |

| | | | |
|---|---|---|---|
| JP0066 | 菩曼仁波切 | 林建成◎著 | 320 元 |
| JP0067 | 下面那裡怎麼了？ | 莉莎・瑞金◎著 | 400 元 |
| JP0068 | 極密聖境・仰桑貝瑪貴 | 邱常梵◎著 | 450 元 |
| JP0069 | 停心 | 釋心道◎著 | 380 元 |
| JP0070 | 聞盡 | 釋心道◎著 | 380 元 |
| JP0071 | 如果你對現況感到倦怠…… | 威廉・懷克羅◎著 | 300 元 |
| JP0072 | 希望之翼：倖存的奇蹟，以及雨林與我的故事 | 茱莉安・柯普科◎著 | 380 元 |
| JP0073 | 我的人生療癒旅程 | 鄧嚴◎著 | 260 元 |
| JP0074 | 因果，怎麼一回事？ | 釋見介◎著 | 240 元 |
| JP0075 | 皮克斯動畫師之紙上動畫《羅摩衍那》 | 桑傑・帕特爾◎著 | 720 元 |
| JP0076 | 寫，就對了！ | 茱莉亞・卡麥隆◎著 | 380 元 |
| JP0077 | 願力的財富 | 釋心道◎著 | 380 元 |
| JP0078 | 當佛陀走進酒吧 | 羅卓・林茲勒◎著 | 350 元 |
| JP0079 | 人聲，奇蹟的治癒力 | 伊凡・德・布奧恩◎著 | 380 元 |
| JP0080 | 當和尚遇到鑽石 3 | 麥可・羅區格西◎著 | 400 元 |
| JP0081 | AKASH 阿喀許靜心 100 | AKASH 阿喀許◎著 | 400 元 |
| JP0082 | 世上是不是有神仙：生命與疾病的真相 | 樊馨蔓◎著 | 300 元 |
| JP0083 | 生命不僅僅如此—辟穀記（上） | 樊馨蔓◎著 | 320 元 |
| JP0084 | 生命可以如此—辟穀記（下） | 樊馨蔓◎著 | 420 元 |
| JP0085 | 讓情緒自由 | 茱迪斯・歐洛芙◎著 | 420 元 |
| JP0086 | 別癌無恙 | 李九如◎著 | 360 元 |
| JP0087 | 什麼樣的業力輪迴，造就現在的你 | 芭芭拉・馬丁＆狄米崔・莫瑞提斯◎著 | 420 元 |
| JP0088 | 我也有聰明數學腦：15 堂課激發被隱藏的競爭力 | 盧采嫻◎著 | 280 元 |
| JP0089 | 與動物朋友心傳心 | 羅西娜・瑪利亞・阿爾克蒂◎著 | 320 元 |
| JP0090 | 法國清新舒壓著色畫 50：繽紛花園 | 伊莎貝爾・熱志－梅納＆紀絲蘭・史朵哈＆克萊兒・摩荷爾－法帝歐◎著 | 350 元 |
| JP0091 | 法國清新舒壓著色畫 50：療癒曼陀羅 | 伊莎貝爾・熱志－梅納＆紀絲蘭・史朵哈＆克萊兒・摩荷爾－法帝歐◎著 | 350 元 |
| JP0092 | 風是我的母親 | 熊心、茉莉・拉肯◎著 | 350 元 |
| JP0093 | 法國清新舒壓著色畫 50：幸福懷舊 | 伊莎貝爾・熱志－梅納＆紀絲蘭・史朵哈＆克萊兒・摩荷爾－法帝歐◎著 | 350 元 |

| | | | |
|---|---|---|---|
| JP0094 | 走過倉央嘉措的傳奇：尋訪六世達賴喇嘛的童年和晚年，解開情詩活佛的生死之謎 | 邱常梵◎著 | 450 元 |
| JP0095 | 【當和尚遇到鑽石 4】愛的業力法則：西藏的古老智慧，讓愛情心想事成 | 麥可．羅區格西◎著 | 450 元 |
| JP0096 | 媽媽的公主病：活在母親陰影中的女兒，如何走出自我？ | 凱莉爾．麥克布萊德博士◎著 | 380 元 |
| JP0097 | 法國清新舒壓著色畫 50：璀璨伊斯蘭 | 伊莎貝爾．熱志－梅納＆紀絲蘭．史朵哈＆克萊兒．摩荷爾－法帝歐◎著 | 350 元 |
| JP0098 | 最美好的都在此刻：53 個創意、幽默、找回微笑生活的正念練習 | 珍．邱禪．貝斯◎著 | 350 元 |
| JP0099 | 愛，從呼吸開始吧！回到當下、讓心輕安的禪修之道 | 釋果峻◎著 | 300 元 |

## 橡樹林文化 ❖❖ 成就者傳紀系列 ❖❖ 書目

| | | | |
|---|---|---|---|
| JS0001 | 惹瓊巴傳 | 堪千創古仁波切◎著 | 260 元 |
| JS0002 | 曼達拉娃佛母傳 | 喇嘛卻南、桑傑．康卓◎英譯 | 350 元 |
| JS0003 | 伊喜．措嘉佛母傳 | 嘉華．蔣秋、南開．寧波◎伏藏書錄 | 400 元 |
| JS0004 | 無畏金剛智光：怙主敦珠仁波切的生平與傳奇 | 堪布才旺．董嘉仁波切◎著 | 400 元 |
| JS0005 | 珍稀寶庫——薩迦總巴創派宗師貢嘎南嘉傳 | 嘉敦．強秋旺嘉◎著 | 350 元 |
| JS0006 | 帝洛巴傳 | 堪千創古仁波切◎著 | 260 元 |
| JS0007 | 南懷瑾的最後 100 天 | 王國平◎著 | 380 元 |
| JS0008 | 偉大的不丹傳奇．五大伏藏王之一貝瑪林巴之生平與伏藏教法 | 貝瑪林巴◎取藏 | 450 元 |

# 橡樹林文化 ❖❖ 善知識系列 ❖❖ 書目

| | | | |
|---|---|---|---|
| JB0001 | 狂喜之後 | 傑克・康菲爾德◎著 | 380 元 |
| JB0002 | 抉擇未來 | 達賴喇嘛◎著 | 250 元 |
| JB0003 | 佛性的遊戲 | 舒亞・達斯喇嘛◎著 | 300 元 |
| JB0004 | 東方大日 | 邱陽・創巴仁波切◎著 | 300 元 |
| JB0005 | 幸福的修煉 | 達賴喇嘛◎著 | 230 元 |
| JB0006 | 與生命相約 | 一行禪師◎著 | 240 元 |
| JB0007 | 森林中的法語 | 阿姜查◎著 | 320 元 |
| JB0008 | 重讀釋迦牟尼 | 陳兵◎著 | 320 元 |
| JB0009 | 你可以不生氣 | 一行禪師◎著 | 230 元 |
| JB0010 | 禪修地圖 | 達賴喇嘛◎著 | 280 元 |
| JB0011 | 你可以不怕死 | 一行禪師◎著 | 250 元 |
| JB0012 | 平靜的第一堂課——觀呼吸 | 德寶法師 ◎著 | 260 元 |
| JB0013 | 正念的奇蹟 | 一行禪師◎著 | 220 元 |
| JB0014 | 觀照的奇蹟 | 一行禪師◎著 | 220 元 |
| JB0015 | 阿姜查的禪修世界——戒 | 阿姜查◎著 | 220 元 |
| JB0016 | 阿姜查的禪修世界——定 | 阿姜查◎著 | 250 元 |
| JB0017 | 阿姜查的禪修世界——慧 | 阿姜查◎著 | 230 元 |
| JB0018X | 遠離四種執著 | 究給・企千仁波切◎著 | 280 元 |
| JB0019 | 禪者的初心 | 鈴木俊隆◎著 | 220 元 |
| JB0020X | 心的導引 | 薩姜・米龐仁波切◎著 | 240 元 |
| JB0021X | 佛陀的聖弟子傳 1 | 向智長老◎著 | 240 元 |
| JB0022 | 佛陀的聖弟了傳 2 | 向智長老◎著 | 200 元 |
| JB0023 | 佛陀的聖弟子傳 3 | 向智長老◎著 | 200 元 |
| JB0024 | 佛陀的聖弟子傳 4 | 向智長老◎著 | 260 元 |
| JB0025 | 正念的四個練習 | 喜戒禪師◎著 | 260 元 |
| JB0026 | 遇見藥師佛 | 堪千創古仁波切◎著 | 270 元 |
| JB0027 | 見佛殺佛 | 一行禪師◎著 | 220 元 |
| JB0028 | 無常 | 阿姜查◎著 | 220 元 |
| JB0029 | 覺悟勇士 | 邱陽・創巴仁波切◎著 | 230 元 |

| | | | |
|---|---|---|---|
| JB0030 | 正念之道 | 向智長老◎著 | 280 元 |
| JB0031 | 師父——與阿姜查共處的歲月 | 保羅・布里特◎著 | 260 元 |
| JB0032 | 統御你的世界 | 薩姜・米龐仁波切◎著 | 240 元 |
| JB0033 | 親近釋迦牟尼佛 | 髻智比丘◎著 | 430 元 |
| JB0034 | 藏傳佛教的第一堂課 | 卡盧仁波切◎著 | 300 元 |
| JB0035 | 拙火之樂 | 圖敦・耶喜喇嘛◎著 | 280 元 |
| JB0036 | 心與科學的交會 | 亞瑟・札炯克◎著 | 330 元 |
| JB0037 | 你可以，愛 | 一行禪師◎著 | 220 元 |
| JB0038 | 專注力 | B・艾倫・華勒士◎著 | 250 元 |
| JB0039 | 輪迴的故事 | 慈誠羅珠堪布◎著 | 270 元 |
| JB0040 | 成佛的藍圖 | 堪千創古仁波切◎著 | 270 元 |
| JB0041 | 事情並非總是如此 | 鈴木俊隆禪師◎著 | 240 元 |
| JB0042 | 祈禱的力量 | 一行禪師◎著 | 250 元 |
| JB0043 | 培養慈悲心 | 圖丹・卻准◎著 | 320 元 |
| JB0044 | 當光亮照破黑暗 | 達賴喇嘛◎著 | 300 元 |
| JB0045 | 覺照在當下 | 優婆夷　紀・那那蓉◎著 | 300 元 |
| JB0046 | 大手印暨觀音儀軌修法 | 卡盧仁波切◎著 | 340 元 |
| JB0047X | 蔣貢康楚閉關手冊 | 蔣貢康楚羅卓泰耶◎著 | 260 元 |
| JB0048 | 開始學習禪修 | 凱薩琳・麥唐諾◎著 | 300 元 |
| JB0049 | 我可以這樣改變人生 | 堪布慈囊仁波切◎著 | 250 元 |
| JB0050 | 不生氣的生活 | W. 伐札梅諦◎著 | 250 元 |
| JB0051 | 智慧明光：《心經》 | 堪布慈囊仁波切◎著 | 250 元 |
| JB0052 | 一心走路 | 一行禪師◎著 | 280 元 |
| JB0054 | 觀世音菩薩妙明教示 | 堪布慈囊仁波切◎著 | 350 元 |
| JB0055 | 世界心精華寶 | 貝瑪仁增仁波切◎著 | 280 元 |
| JB0056 | 到達心靈的彼岸 | 堪千・阿貝仁波切◎著 | 220 元 |
| JB0057 | 慈心禪 | 慈濟瓦法師◎著 | 230 元 |
| JB0058 | 慈悲與智見 | 達賴喇嘛◎著 | 320 元 |
| JB0059 | 親愛的喇嘛梭巴 | 喇嘛梭巴仁波切◎著 | 320 元 |
| JB0060 | 轉心 | 蔣康祖古仁波切◎著 | 260 元 |
| JB0061 | 遇見上師之後 | 詹杜固仁波切◎著 | 320 元 |
| JB0062 | 白話《菩提道次第廣論》 | 宗喀巴大師◎著 | 500 元 |

| | | | |
|---|---|---|---|
| JB0063 | 離死之心 | 竹慶本樂仁波切◎著 | 400 元 |
| JB0064 | 生命真正的力量 | 一行禪師◎著 | 280 元 |
| JB0065 | 夢瑜伽與自然光的修習 | 南開諾布仁波切◎著 | 280 元 |
| JB0066 | 實證佛教導論 | 呂真觀◎著 | 500 元 |
| JB0067 | 最勇敢的女性菩薩——綠度母 | 堪布慈囊仁波切◎著 | 350 元 |
| JB0068 | 建設淨土——《阿彌陀經》禪解 | 一行禪師◎著 | 240 元 |
| JB0069 | 接觸大地一與佛陀的親密對話 | 一行禪師◎著 | 220 元 |
| JB0070 | 安住於清淨自性中 | 達賴喇嘛◎著 | 480 元 |
| JB0071/72 | 菩薩行的祕密【上下冊】 | 佛子希瓦拉◎著 | 799 元 |
| JB0073 | 穿越六道輪迴之旅 | 德洛達娃多瑪◎著 | 280 元 |
| JB0074 | 突破修道上的唯物 | 邱陽・創巴仁波切◎著 | 320 元 |
| JB0075 | 生死的幻覺 | 白瑪格桑仁波切◎著 | 380 元 |
| JB0076 | 如何修觀音 | 堪布慈囊仁波切◎著 | 260 元 |
| JB0077 | 死亡的藝術 | 波卡仁波切◎著 | 250 元 |
| JB0078 | 見之道 | 根松仁波切◎著 | 330 元 |
| JB0079 | 彩虹丹青 | 祖古・烏金仁波切◎著 | 340 元 |
| JB0080 | 我的極樂大願 | 卓千拉貢仁波切◎著 | 260 元 |
| JB0081 | 再捻佛語妙花 | 祖古・烏金仁波切◎著 | 250 元 |
| JB0082 | 進入禪定的第一堂課 | 德寶法師◎著 | 300 元 |
| JB0083 | 藏傳密續的真相 | 圖敦・耶喜喇嘛◎著 | 300 元 |
| JB0084 | 鮮活的覺性 | 堪千創古仁波切◎著 | 350 元 |
| JB0085 | 本智光照 | 遍智　吉美林巴◎著 | 380 元 |
| JB0086 | 普賢王如來祈願文 | 竹慶本樂仁波切◎著 | 320 元 |
| JB0087 | 禪林風雨 | 果煜法師◎著 | 360 元 |
| JB0088 | 不依執修之佛果 | 敦珠林巴◎著 | 320 元 |
| JB0089 | 本智光照一功德寶藏論　密宗分講記 | 遍智　吉美林巴◎著 | 340 元 |
| JB0090 | 三主要道論 | 堪布慈囊仁波切◎講解 | 280 元 |
| JB0091 | 千手千眼觀音齋戒一紐涅的修持法 | 汪遷仁波切◎著 | 400 元 |
| JB0092 | 回到家，我看見真心 | 一行禪師◎著 | 220 元 |
| JB0093 | 愛對了 | 一行禪師◎著 | 260 元 |
| JB0094 | 追求幸福的開始：薩迦法王教你如何修行 | 尊勝的薩迦法王◎著 | 300 元 |
| JB0095 | 次第花開 | 希阿榮博堪布◎著 | 350 元 |

| | | | |
|---|---|---|---|
| JB0096 | 楞嚴貫心 | 果煜法師◎著 | 380 元 |
| JB0097 | 心安了，路就開了：讓《佛說四十二章經》成為你人生的指引 | 釋悟因◎著 | 320 元 |
| JB0098 | 修行不入迷宮 | 札丘傑仁波切◎著 | 320 元 |
| JB0099 | 看自己的心，比看電影精彩 | 圖敦・耶喜喇嘛◎著 | 280 元 |
| JB0100 | 自性光明——法界寶庫論 | 大遍智　龍欽巴尊者◎著 | 450 元 |
| JB0101 | 穿透《心經》：原來，你以為的只是假象 | 柳道成法師◎著 | 380 元 |
| JB0102 | 直顯心之奧秘：大圓滿無二性的殊勝口訣 | 祖古貝瑪・里沙仁波切◎著 | 500 元 |
| JB0103 | 一行禪師講金剛經 | 一行禪師◎著 | 320 元 |

## 橡樹林文化 ❖❖ 蓮師文集系列 ❖❖ 書目

| | | | |
|---|---|---|---|
| JA0001 | 空行法教 | 伊喜・措嘉佛母輯錄付藏 | 260 元 |
| JA0002 | 蓮師傳 | 伊喜・措嘉記錄撰寫 | 380 元 |
| JA0003 | 蓮師心要建言 | 艾瑞克・貝瑪・昆桑◎藏譯英 | 350 元 |
| JA0004 | 白蓮花 | 蔣貢米龐仁波切◎著 | 260 元 |
| JA0005 | 松嶺寶藏 | 蓮花生大士◎著 | 330 元 |
| JA0006 | 自然解脫 | 蓮花生大士◎著 | 400 元 |

## 橡樹林文化 ❖❖ 圖解佛學系列 ❖❖ 書目

| | | | |
|---|---|---|---|
| JL0001 | 圖解西藏生死書 | 張宏實◎著 | 420 元 |
| JL0002 | 圖解佛教八識 | 洪朝吉◎著 | 260 元 |

眾生系列　JP0101

**爸媽何必太正經！幽默溝通，讓孩子正向、積極、有力量**

作　　　者／南琦
插　　　畫／陳采廷
責 任 編 輯／張威莉
業　　　務／顏宏紋

總　編　輯／張嘉芳
出　　　版／橡樹林文化
城邦文化事業股份有限公司
104 台北市民生東路二段 141 號 5 樓
電話：(02)2500-7696　傳真：(02)2500-1951
發　　　行／英屬蓋曼群島商家庭傳媒股份有限公司城邦分公司
104 台北市中山區民生東路二段 141 號 2 樓
客服服務專線：(02)25007718；25001991
24 小時傳真專線：(02)25001990；25001991
服務時間：週一至週五上午 09:30 ～ 12:00；下午 13:30 ～ 17:00
劃撥帳號：19863813　戶名：書虫股份有限公司
讀者服務信箱：service@readingclub.com.tw
香港發行所／城邦（香港）出版集團有限公司
香港灣仔駱克道 193 號東超商業中心 1 樓
電話：(852)25086231　傳真：(852)25789337
馬新發行所／城邦（馬新）出版集團【Cité (M) Sdn.Bhd. (458372 U)】
41, Jalan Radin Anum, Bandar Baru Sri Petaling,
57000 Kuala Lumpur, Malaysia.
電話：(603) 90578822　傳真：(603) 90576622
Email：cite@cite.com.my

封面插畫／王春子 chuentz@gmail.com
封面完稿／線在創作工作室 sunline.liu@gmail.com
版面構成／優士穎企業有限公司　陳佩君 peijun@enjoy-life.com.tw
印　　刷／韋懋實業有限公司

初版一刷／ 2015 年 6 月
ISBN ／ 978-986-128-840-6
定價／ 300 元
城邦讀書花園
www.cite.com.tw


國家圖書館出版品預行編目（CIP）資料

爸媽何必太正經！幽默溝通，讓孩子正向、積極、有力量 / 南琦著 . -- 初版 . -- 臺北市：橡樹林文化，城邦文化出版：家庭傳媒城邦分公司發行，2015.06
面；　公分 . --（眾生系列；JP0101）
ISBN 978-986-128-840-6( 平裝 )

1. 家庭關係

544.1　　104006809

廣　告　回　函
北區郵政管理局登記證
北 台 字 第 10158 號

郵資已付　免貼郵票

104 台北市中山區民生東路二段 141 號 5 樓

城邦文化事業股份有限公司

橡樹林出版事業部　收

請沿虛線剪下對折裝訂寄回，謝謝！

橡樹林

書名：爸媽何必太正經　書號：JP0101

橡樹林文化

# 讀者回函卡

感謝您對橡樹林出版社之支持，請將您的建議提供給我們參考與改進；請別忘了給我們一些鼓勵，我們會更加努力，出版好書與您結緣。

姓名：__________ □女 □男 生日：西元__________年

Email：__________

● 您從何處知道此書？

□書店 □書訊 □書評 □報紙 □廣播 □網路 □廣告 DM

□親友介紹 □橡樹林電子報 □其他__________

● 您以何種方式購買本書？

□誠品書店 □誠品網路書店 □金石堂書店 □金石堂網路書店

□博客來網路書店 □其他__________

● 您希望我們未來出版哪一種主題的書？（可複選）

□佛法生活應用 □教理 □實修法門介紹 □大師開示 □大師傳記

□佛教圖解百科 □其他__________

● 您對本書的建議：

__________

__________

__________

非常感謝您提供基本資料，基於行銷及客戶管理或其他合於營業登記項目或章程所定業務需要之目的，家庭傳媒集團（即英屬蓋曼群商家庭傳媒股份有限公司城邦分公司、城邦文化事業股份有限公司、書虫股份有限公司、墨刻出版股份有限公司、城邦原創股份有限公司）於本集團之營運期間及地區內，將不定期以 MAIL 訊息發送方式，利用您的個人資料於提供讀者產品相關之消費與活動訊息，如您有依照個資法第三條或其他需服務之務，得致電本公司客服。

我已經完全瞭解左述內容，並同意本人資料依上述範圍內使用。

__________（簽名）

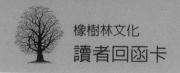